Karin Greiner

SUPERFOOD HEIMISCHE WILDPFLANZEN

Power aus Garten, Wald und Wiese

Ulmer

Das steckt im Buch

FRÜHLING

SOMMER

HERBST

WINTER

SUPER FOODS

Was macht Foods so super?

Superfoods – derzeit in aller Munde. Matcha, Moringa, Chia, Goji und Co. gelten als Wundermittel in Sachen gesunde Ernährung. Entgiftend, verjüngend, lebensverlängernd! Vollgepackt mit Vitalstoffen sollen diese Nahrungsmittel die tägliche Kost zum **Health Food** aufwerten, sie werden in die allseits beliebten Smoothies gemixt und sogar in Edel-Burger gepackt. Superfoods bedienen das Verlangen nach dem Besser-Essen, nach Abkehr von Junk Food.

Was sind die wahren Superfoods?

- Superfoods enthalten eine bedeutende Menge von einem oder mehreren Nähr- oder Vitalstoffen wie besonderen Kohlenhydraten, essenziellen Aminosäuren, mehrfach ungesättigten Fettsäuren, Vitaminen, Mineralien und anderen für die Gesundheit wichtigen Komponenten.

- Superfoods wirken dank ihrer von Natur aus hohen Konzentrationen an Bio-Aktivstoffen und Phytaminen (sekundäre Pflanzenstoffe) positiv auf den Körper, sorgen für allgemeines Wohlbefinden und beugen Krankheiten vor.

- Superfoods sind vollwertige, ganzheitliche Nahrungsmittel, naturbelassen und keinesfalls wie Functional Food mit gesundheitsfördernden Zusatzstoffen ergänzt.

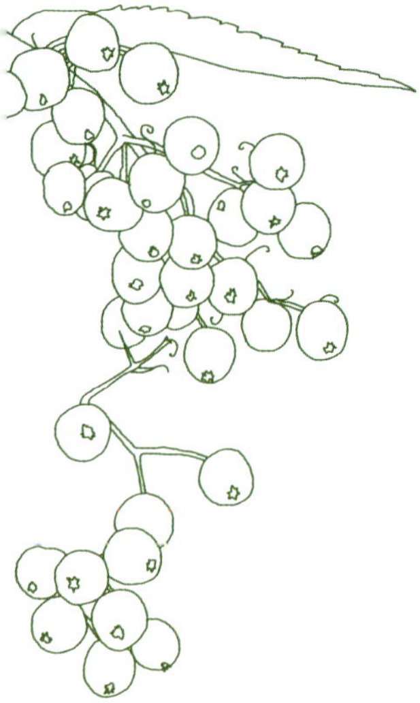

Superhelden mit Aroma

Man muss nicht in die Ferne schweifen und sich exotischen Pflanzen wie tropischen Kokosnüssen, asiatischen Spirulina-Algen, südamerikanischen Açaí-Beeren oder Maca-Knollen zuwenden, um Superfoods zu finden. Es gibt sie in unmittelbarer Nähe: **Wildpflanzen**! Löwenzahn und Giersch, Nelkenwurz und Schlehen schwingen sich auf zu trendy Top-Stars. Lange Zeit als unliebsam wuchernde Störenfriede, ja verhasstes Unkraut geschmäht, besinnt man sich wieder ihrer echten Qualitäten. Perfekt für **Detox**, **Anti-Aging**, **Schlankheitskur**, **Immunboosting** und sogar für die **Libido**.

Chlorophyll zur **Blutreinigung**, Flavonoide als **Radikalfänger**, ätherische Öle als **Keimkiller**, Vitamin C fürs **Immunsystem**, B-Vitamine

für **starke Nerven** und einen guten **Fettstoffwechsel**, Vitamin K für **kräftige Knochen**, Kalium für **Herz und Blutdruck**, Eisen zur **Blutbildung**, Mangan zur **Energiefreisetzung** – von all dem steckt reichlich in Kräutern und Früchten – und noch viel mehr.

Positiv in jeder Hinsicht

Wildkräuter wie Brunnenkresse, Bärlauch und Brennnessel, Wildobst wie Holunder, Hagebutte und Heidelbeere erfüllen alle Ansprüche, die an Superfoods gestellt werden: förderlich für Gesundheit und Wohlbefinden. Kräuter und Früchte **regen alle Sinne an**, geben dem Essen wie dem Leben **Würze**, dienen seit Urzeiten als **Heilmittel**.

Unter unseren Lebensmitteln sind Wildpflanzen am dichtesten gepackt mit Vitalstoffen aller Art und natürlich besonders wertvoll. Und dabei so einfach in der Handhabung, fast schon Convenience Food: frisch zur Hand, viele im eigenen Garten zu ernten, unmittelbar und unverfälscht zu genießen. Und sie müssen nicht erst um die halbe Welt transportiert werden!

Super für Veganer

Veganer, die auf jegliche tierische Produkte verzichten, greifen gerne zu Wildpflanzen, um sich rundum mit allen lebensnotwendigen Stoffen zu versorgen. Die wilden Superfoods sind zwar wirklich super, können aber manche Stoffe wie Vitamin B12, bestimmte Amino- und Fettsäuren dennoch nicht oder nicht ausreichend liefern. Deshalb: Wildpflanzen genießen, aber nicht ausschließlich darauf verlassen.

Local Hero statt Global Player

Auf Superfoods wie Kakao oder Papaya, Camu-Camu oder Grünen Tee muss keiner verzichten. Sie können durchaus mal besondere Akzente setzen und das Essen bereichern. Sicher stecken in diesen Pflanzen wertvolle Inhaltsstoffe. Nur sollte man sich vor Augen halten, dass allein durch den Transport schon ein Gutteil davon verloren geht – so sinkt etwa der Vitamin-C-Gehalt rapide ab. Von der vielschichtigen Problematik bei der Erzeugung gar nicht zu reden.

Was direkt vor unserer Haustür wächst und gedeiht kann zum optimalen Reifezeitpunkt geerntet und frisch gegessen werden. Künstliches Nachreifen, Konservierung, Vorverarbeitung? Unnötig! Damit bleiben auch die Vitalstoffe geschont. Und es gibt keine für uns Menschen wichtigen Inhaltsstoffe, die nicht auch in heimischen Pflanzen in erklecklichen Mengen zu finden sind. Hagebutten etwa stehen der so hochgelobten Acerolakirsche kaum nach, was Vitamin C betrifft, mit dem Unterschied, dass man Hagebutten frisch pflücken kann, während Acerolakirschen ausschließlich als pasteurisierter oder tiefgekühlter Saft beziehungsweise als Pulver oder gar nur als Zutat in Produkten erhältlich sind.

Wild gewachsen statt zahm gezogen

Lebensmittel aus der Region stehen ganz hoch im Kurs. Was aber heißt regional? Leider gibt es dafür keine Verordnung, der Begriff kann ganz individuell ausgelegt werden. Deshalb erwerben viele ihr Gemüse und Obst direkt beim Bauern vor Ort. Wildkräuter und Wildobst kann man fast gar nicht anders als wahrhaftig **regional** beziehen, weil man sie selbst sammeln und ernten muss – und dafür fährt sicher niemand quer durch die Lande.

Einen weiteren Vorteil bieten die wilden Grünen: Sie werden nicht gehätschelt wie Kulturpflanzen, kein Gärtner oder Obstbauer setzt alles daran, mittels Bewässerung, Düngung und Pflanzenschutz eine möglichst reiche Erntemenge zu erzeugen. Wildpflanzen müssen sich ganz alleine behaupten und strengen sich dadurch viel mehr an, mit allen Unbilden fertig zu werden. Sie leben nicht nur, sie überleben dank ihrer besonderen Fülle an **sekundären Inhaltsstoffen**. Die brauchen sie, um sich gegen Dürre, sengende Sonne, Kälte und Fraßfeinde zu wappnen – viel mehr als die umsorgten Kulturgewächse. Aber eben diese Stoffe sind es, die sie für uns zu wahren Superfoods machen.

Saisonhits statt Ganzjahreseinerlei

Erdbeeren zu Weihnachten, Grünkohl im Hochsommer? Da können gesunde Sommerfrüchte und gehaltvolle Wintergemüse nur verlieren, und zwar an eben dem, was sie als Superfoods auszeichnet.

Jeder weiß, dass Obst, Gemüse und Kräuter am besten schmecken, wenn sie natürlich, ohne aufwendige Kunstgriffe wie Heizung und Beleuchtung gereift sind. Was mangelnde Geschmacksintensität schon nahe legt, setzt sich in den inneren Werten fort. Volle Power können Nahrungspflanzen nur entwickeln, wenn sie optimale Wachstumsbedingungen haben – und dazu gehört auch das Wachsen nach einem **jahreszeitlichen Rhythmus**.

Selbstverständlich gilt das nicht nur für kultivierte Gewächse, sondern auch für wild wachsende Pflanzen. Bärlauch hat sich auf ein rasches Frühlingssprießen festgelegt. Er treibt aus prall gefüllten Zwiebeln voller Kraft aus, solange er unter noch kahlen Bäumen genügend Sonne bekommt, und zieht sich unter die Erde zurück, wenn das Kronendach das lebensnotwendige Licht abhält. Da erklärt sich von allein, zu welcher Zeit Bärlauch Saison hat. Knackfrisch geerntet und unmittelbar verzehrt verleibt man sich die ganze Power ein.

Naturbelassen statt aufwendig verarbeitet

Superfoods sind von Natur aus wirklich super, sie müssen nicht erst mit großem Trara aufgewertet werden. Im Gegenteil, jede Form von übertriebener Verarbeitung und Veränderung kann die Qualität herabsetzen. Also sollte man mit Superfoods entsprechend umgehen, ganz im Sinne von Clean Eating. Das Ernährungskonzept bevorzugt unverarbeitete Lebensmittel, die nicht unbedingt roh verzehrt werden, sondern mit denen vor allem frisch gekocht wird.

Die meisten Wildkräuter sind völlig naturbelassen ein wunderbarer Genuss, solange sie jung, zart und knackig sind. Je älter die Pflanzen, desto derber und herber werden sie – jetzt hilft sanftes Garen, damit die innig verwahrten Nährstoffe von unserem Körper überhaupt aufgeschlossen werden können. Gleichzeitig bewirkt Kochen oder Rösten, dass der Geschmack milder wird. Insbesondere bei einigen Wildobstarten wie Holunder oder Vogelbeeren kommt man ums Kochen nicht herum, um unerwünschte Stoffe zu entfernen.

Superfood in der Durchschnittskost

Brauchen wir Superfoods? Ja, aber nicht ausschließlich. In erster Linie essen wir, um genügend Energie zu gewinnen. Doch Kalorien sind nicht alles, wir brauchen eben auch viele weitere Stoffe, um unseren Stoffwechsel und unser Immunsystem aufrechtzuerhalten. Dafür sind Mineralstoffe und Spurenelemente, Vitamine und Phytamine unerlässlich. Superfoods helfen, unseren Körper damit ausreichend und ausgewogen zu versorgen.

Zu einer gesunden Ernährung gehört auch Freude bei der Zubereitung und Spaß beim Essen. Schmecken muss es, dazu auch appetitlich duften und aussehen. Die Superfoods, die ich in diesem Buch vorstelle, bringen Farbe und Aromen auf den Tisch und helfen der Gesundheit auf die Sprünge.

Genießen Sie super, bunt und abwechslungsreich und vor allem alles in Maßen.

Ihre 

Hinweise zum Sammeln von wilden Superfoods

- Sammeln Sie nur das, was Sie ganz genau kennen und hundertprozentig wiedererkennen.
- Sammeln Sie die Kräuter zum optimalen Zeitpunkt ihrer Entwicklung.
- Sammeln Sie nur so viel, wie Sie sofort aufbrauchen.
- Sammeln Sie rücksichtsvoll, nehmen Sie nur wenige Pflanzen aus größeren Beständen. Lassen Sie einzeln vorkommende Exemplare stehen, so geben Sie den Pflanzen die Chance zum Fortbestand. Sie wollen auch in Zukunft noch ernten können.
- Sammeln Sie möglichst an unbelasteten Stellen, nicht unmittelbar neben stark befahrenen Straßen, nicht entlang von Bahndämmen, nicht von gespritzten Äckern, nicht von frisch gedüngten Wiesen.
- Sammeln Sie gut entwickelte, vital wirkende Kräuter. Von Mehltau oder anderen Krankheiten, von Schädlingen befallene Pflanzen bleiben stehen.
- Keine übertriebene Angst vorm Fuchsbandwurm, die von ihm verursachte Echinokokkose bleibt eine sehr seltene Krankheit (die gut zu behandeln ist). Das Risiko, sich bei Wildkräutern und Wildfrüchten, selbst Waldbeeren damit zu infizieren, ist äußerst gering und bislang auch noch in keinem Fall explizit nachgewiesen. Gründliches Waschen beugt einer Ansteckung vor.

EINFACH SUPER, DIESE HEIMISCHEN FOODS

Scharbockskraut

Der Winter hat sich kaum verzogen, da spitzt schon **frisches Grün** aus der Erde. Wer sich **so zeitig** hervorwagt, der muss es in sich haben. Tatsächlich strotzt das kleine Kräutlein mit den runden Blättchen nur so vor **Vitamin C**. Jetzt schnell zugreifen!

Kleine Vorstellungsrunde

So heißt es botanisch → *Ranunculus ficaria*

So sieht es aus → kleines, bis knöchelhohes Kraut; gestielte, saftige, glänzend grüne, herz- bis nierenförmige, etwa 1-Euro-große Blätter; dottergelbe, sternförmige Blüten; Blütezeit März bis Mai; bereits im späten Frühling vergilbend, bald danach verschwunden

Hier wächst es → an schattigen Stellen auf nahrhaftem, feuchtem Boden; Laubwälder, Auwälder, Gärten, Gebüsche, Wiesen, entlang von Gräben und Bächen; stets in großen Gruppen

Wichtig → nur junge Blätter bis zu Beginn der Blütezeit verwenden!

Vorsicht: nicht verwechseln mit → der giftigen Haselwurz (*Asarum europaeum*), deren immergrüne Blätter aber unterseits trüb purpurn und meist behaart sind; mit dem zwar essbaren, aber bitter schmeckenden Wechselblättrigen Milzkraut (*Chrysosplenium alternifolium*), dessen Blätter jedoch am Rand deutlich eingekerbt sind; mit Gundermann (*Glechoma hederacea*), Veilchen (*Viola*) oder Knoblauchsrauke (*Alliaria petiolata*), alle jedoch essbar

Das Kraut wider den Scharbock

Früher, als es in langen Wintern oder auf ausgedehnten Seereisen an frischem Obst und Gemüse mangelte, hatte das Scharbockskraut schon seine Bedeutung als Superfood. Wer die frischen Blättchen verzehrte, litt nicht unter dem Scharbock – damit ist Skorbut gemeint, eine Mangelkrankheit, die bei anhaltendem Fehlen von Vitamin C in der Nahrung nach zwei bis vier Monaten auftritt.

Ein Hoch aufs junge Gemüse

Der ausgesprochene Reichtum an Vitamin C macht das Scharbockskraut zum Objekt der Frühlingsbegierde. Nach all den vielen Tagen ohne Grün sind die ersten saftigen Blättchen hochwillkommen, nicht nur mit ihrem verheißungsvollen Anblick, sondern auch mit ihrem erfrischenden Geschmack.

- Das Scharbockskraut ist eine ausgesprochene Frühlingskost und sprießt als eines der ersten Wildkräuter nach dem Winter. Als Waldpflanze liebt es eigentlich den Schatten, unter noch kahlen Baumkronen zu dieser frühen Jahreszeit ist es aber der Sonne schutzlos ausgesetzt.

- Um sein zartes Blattwerk vor dem aggressiven Licht zu schützen, bildet es vermehrt Vitamin C. Vitamin C ist ein Radikalfänger, schützt also vor schädlicher Strahlung. Es sorgt dafür, dass die Zellen im Blatt intakt bleiben und der Stoffwechsel reibungslos funktioniert. Dieselbe Funktion erfüllt Vitamin C auch im menschlichen Körper, es bewahrt uns vor oxidativem Stress.

- Die Blätter des Scharbockskrauts werden mit der Zeit zunehmend bitter, ein Zeichen für den steigenden Gehalt an Gerbstoffen, Saponinen und vor allem Protoanemonin (kann in größeren Mengen die Schleimhäute reizen sowie Erbrechen und Durchfall hervorrufen).

Super ernten
- ausschließlich junge Blätter
- stark bitter schmeckende Blätter meiden
- ab der Blütezeit nicht mehr verwenden

Super gut
- Chlorophyll
- Phytamine: Saponine, Gerbstoffe
- Vitamine: Vitamin C (durchschnittlich 160 mg pro 100 g Frischgewicht)

Super genießen
- vorzugsweise frisch verwenden
- für Salate, Kräuterbutter, Smoothies
- ganz kurz gegart in Suppen und Saucen
- frisch gepresst als Saft

Auch super!

Im Garten breitet sich neben dem Scharbockskraut häufig ein weiterer Bodendecker aus, die Vogelmiere (*Stellaria media*). Ein paar warme Tage, schon kann man ihre grasgrünen Blättchen ernten. Die schmecken nach jungen Erbsen und sind ebenfalls reich an Vitamin C – Vogelmiere wird von alters her gegen Frühjahrsmüdigkeit empfohlen.

Frühlingssalat mit Ziegenkäsetaler und Wildkräuter-Pastinaken-Baguette

Vegetarisch, vollwertig

Zutaten für vier Portionen:

SALAT:
- 2 Handvoll Scharbockskrautblättchen
- 2 Handvoll Wildkräuter, ersatzweise Rucola
- 1 Kopfsalat
- 2 EL Kräuteressig
- 1 TL Honig
- 1 TL scharfer Senf
- Salz
- Pfeffer
- 3 EL Apfelsaft
- 4 EL Rapsöl
- 4 Ziegenkäsetaler
- 1 EL Mehl

BAGUETTE:
- 400 g Pastinaken
- 1 Handvoll Wildkräuter
- 450 g Dinkel-Vollkornmehl
- 100 g Bergkäse, gerieben
- 4 Eier
- 3 TL Salz
- 1 Päckchen Weinstein-Backpulver
- 40 ml Wasser
- Mehl zum Arbeiten

→ Scharbockskraut, Wildkräuter und Salat verlesen, waschen und gut abtropfen lassen.

→ Den Strunk vom Kopfsalat sowie einige grobe Blattrippen putzen, grob zerstückeln und in ein hohes Mixgefäß geben. Essig, Honig, Senf, Salz und Pfeffer sowie Apfelsaft zufügen. Alles mit dem Mixstab fein zerkleinern.

→ 3 EL Rapsöl unter stetigem Mixen unterziehen, damit ein cremiges Dressing entsteht.

→ Ziegenkäse in Mehl wenden, im restlichen Rapsöl bei milder Hitze langsam braten.

→ Kräuter und Salat mit dem Dressing mischen, auf Tellern anrichten. Ziegenkäse dazulegen.

→ Für das Baguette Pastinaken schälen und fein raspeln oder reiben. Kräuter hacken. Alle Baguette-Zutaten gut vermengen, am besten mit dem Knethaken des Handrührgeräts. Der Teig bleibt sehr weich!

→ Teig mit gut bemehlten Händen zu drei gleich großen Baguettestangen formen und in eine Baguette-Backform legen. Stangen mehrfach einschneiden und bei 160 °C (Heißluft) 35–40 Minuten backen.

→ Baguette noch lauwarm zum Salat reichen.

VEGANE VARIANTE

Statt Ziegenkäse krosse Bratlinge aus Haferflocken-, Hirse- oder Linsenteig, angereichert mit frischen Scharbockskrautblättern, zum Salat reichen. Beim Baguette den Käse durch geriebene Nüsse ersetzen.

Mein persönliches Highlight

Zwei Möhren und einen kleinen Apfel kochen und pürieren, mit weicher Butter oder Margarine mischen, mit Salz, Pfeffer und etwas abgeriebener Zitronenschale würzen. Auf ein kerniges Bauernbrot streichen, mit Scharbockskrautblättchen belegen.

Bärlauch

Der Winter schleicht sich so langsam dahin. Schluss mit Winterschlaf! **Neuen Schwung** für den Frühling braucht es, da kommt der Bärlauch gerade recht. Der verleiht mit Knoblaucharoma **Bärenkräfte** und reinigt mit seiner Schärfe den ganzen Organismus.

Kleine Vorstellungsrunde

So heißt er botanisch → *Allium ursinum*

So sieht er aus → krautige, handspannenhohe Zwiebelpflanze; lang dreikantig gestielte, breit-lanzettliche Blätter mit markanter Mittelrippe auf der Rückseite; kugelige Blütenstände aus zahlreichen weiße Blütensternen; Blütezeit April bis Mai; erbsenähnliche Früchte

Hier wächst er → in schattigen, feuchten, humusreichen Au- und Laubwäldern, entlang von Bächen, oft in großen Massen

Vorsicht: nicht verwechseln mit → der giftigen Herbstzeitlosen (*Colchicum autumnale*), deren Blätter aber niemals gestielt sind und zu einem Trichter vereint aus dem Boden treiben; dem giftigen Maiglöckchen (*Convallaria majalis*), bei dem die Blätter keine deutliche Mittelrippe haben, paarweise stehen und unten von einem silbrig-rötlichen Häutchen eingefasst sind; dem giftigen Aronstab (*Arum maculatum*), dessen Blätter ähnlich wie beim Bärlauch austreiben, sich später aber von ihrer Form und Nervatur deutlich unterscheiden

Nutzen ohne auszunutzen

Obwohl Bärlauch in manchen Regionen „wie Unkraut" wächst, sollte man dennoch Rücksicht nehmen. Ein kleines Bündel frischer Blätter reicht für den Eigenbedarf völlig aus. Immer nur ein Blatt pro Austrieb nehmen, damit die verbleibenden die Zwiebel weiter versorgen können. Bärlauch steht zwar nicht unter Naturschutz, darf aber in Naturschutzgebieten selbstverständlich nicht gepflückt werden.

Grüne Power aus dem Wald

Ob sich Bären in grauer Vorzeit tatsächlich an dem Kraut erfreuten, um nach langem Winterschlaf wieder zu Kräften zu kommen, liegt im Dunkel der Geschichte. Bärlauch ist aber nicht von ungefähr eine hochgeschätzte Frühlingskost: Die sattgrünen Blätter spenden Saft und Kraft der besonderen Art.

- Der typische Geruch und Geschmack beruht auf dem Gehalt an schwefelhaltigen ätherischen Ölen. Keine andere Pflanze enthält derart viel davon, selbst dem Knoblauch ist der Bärlauch darin überlegen.

- Im intakten Pflanzengewebe sind die Lauchöle geruch- und geschmacklos, erst nach Zerstörung der Zellen durch Wärmeeinwirkung, Pflücken, Schneiden oder Kauen entwickeln sich die aromatischen Umsetzungsprodukte. Sie wirken wie eine Art Breitbandantibiotikum, reinigen Magen und Darm.

- Saponine sorgen für besseren Blutfluss, Flavonoide wirken als Radikalfänger, Kalium und Magnesium sind wichtig für eine gesunde Herzfunktion. Dies macht Bärlauch zu einem Powerfood par excellence.

- Bärlauch strotzt nur so vor Chlorophyll. Das viele Blattgrün wirkt desodorierend und sorgt dafür, dass man, anders als nach Knoblauchgenuss, nicht aus allen Poren Knoblauchdüfte ausdünstet.

Auch super!

Noch früher als der Bärlauch sprießt schon der Wilde Schnittlauch (*Allium schoenoprasum*) in Gräben, an Böschungen und Wiesenrändern. Sieht dem Garten-Schnittlauch ähnlich, die dünnen Blattröhren sind aber bläulich grün, riechen zwiebligscharf und schmecken mehr nach Knoblauch. Auch in ihnen stecken viele gesunde Lauchöle!

Super ernten

- Blätter vor der Blüte
- Blütenknospen und Blüten
- Früchte

Super gut

- Chlorophyll
- Phytamine: Lauchöle (Alliin), Flavonoide, Saponine, Schleimstoffe u. a.
- Vitamine: Vitamin C (150 mg pro 100 g Frischgewicht)
- Mineralstoffe: vor allem Kalium, Magnesium, Eisen und Mangan

Super genießen

- am besten roh, höchstens ganz kurz gegart
- vorzugsweise frisch verwenden; in Öl oder Salz, auch als Pesto bzw. Kräuterbutter konservierbar
- für herzhafte Gerichte, Smoothies, Saft
- Früchte als Würze, anstelle von Grünem Pfeffer

Grüne Nocken auf Gemüsespaghetti

Vegetarisch, vollwertig

Zutaten für vier Portionen:

GRÜNE NOCKEN:
- ¼ l Vollmilch
- 50 g Butter
- 125 g Dinkelgrieß
- 2 Eier
- 1 Bund Bärlauch
- Salz
- Pfeffer
- Muskat

GEMÜSESPAGHETTI:
- 20 g Trockenpilze (z. B. Steinpilze)
- 200 ml Gemüsebrühe
- 1 kleine Stange Lauch
- 2 Möhren
- 1 Zwiebel
- 1 EL Pflanzenöl
- 100 ml Sahne
- Salz
- Pfeffer

→ Trockenpilze in der Gemüsebrühe einweichen.

→ Milch mit der Butter und einer Prise Salz aufkochen. Grieß unter Rühren unterziehen und abbrennen, d. h. so lange unter ständigem Rühren weiter auf der Kochstelle stehen lassen, bis sich ein weißlicher Belag auf dem Topfboden bildet und die Masse sich als Kloß vom Topf löst. Grieß abkühlen lassen.

→ Inzwischen die Eier mit dem grob geschnittenen Bärlauch fein mixen, nach Wunsch noch durch ein Sieb streichen. Die grüne Eimasse unter den Grieß ziehen. Mit Salz, Pfeffer und Muskat würzen.

→ Reichlich Salzwasser aufwallen lassen. Mit zwei Löffeln oder mit angefeuchteten Händen Nocken aus der Grießmasse abstechen und ins heiße, aber nicht kochende Wasser gleiten lassen. Bei milder Hitze die Nocken gar ziehen lassen, das dauert je nach Größe 10–15 Minuten.

→ Für die Gemüsespaghetti Lauch und Möhren putzen. In sehr feine lange Streifen schneiden, Möhren am besten mit einem Spiralschneider.

→ Zwiebel abziehen, fein würfeln und in Öl andünsten. Eingeweichte Pilze fein hacken, zu den Zwiebeln geben, mit der Brühe ablöschen.

→ Gemüsestreifen einlegen. Bei milder Hitze ein paar Minuten garen, dann Sahne aufgießen. Mit Salz und Pfeffer würzen.

→ Die grünen Nocken auf die Spaghetti setzen.

VEGANE, LAKTOSE- UND GLUTENFREIE VARIANTE

Für die Nocken 125 g Reisgrieß verwenden, der mit 150 ml Gemüsebrühe und 1 EL Pflanzenmargarine zu einer Nockenmasse gekocht wird. Bärlauch fein gehackt unterziehen, würzen und Nocken abstechen, diese in Salzwasser garen. Für die Sauce die Pilzbrühe mit Kartoffelstärke binden.

Mein persönliches Highlight

Spaghettini ursini

Dünne Vollkorn-Spaghetti al dente garen. Junge Bärlauchblätter ganz fein schneiden. Mit etwas Nudelkochwasser unter die Spaghettini mischen, mit einem kräftig würzigen Olivenöl beträufeln. Nach Wunsch geröstete Haselnussblättchen drüberstreuen.

Brunnenkresse

Scharfe Sache! Besonders reich lässt sie sich in den Monaten mit „R" ernten, und genau dann bringt die Brunnenkresse den müden Körper **auf Trab**. Das Gewächs macht aber gerade im Frühling mit ihrem kräftigen Kressegeschmack so richtig Appetit.

Kleine Vorstellungsrunde

So heißt sie botanisch → *Nasturtium officinale*

So sieht sie aus → wintergrüne, krautige Sumpf- bzw. Wasserpflanze mit kahlen, hohlen Stängeln, knöchel- bis kniehoch aufragend oder im Wasser flutend; grasgrüne Blätter mit ein bis vier Fiederpaaren und einem größeren Endblättchen; weiße, vierzählige Blütchen mit gelben Staubgefäßen in lockeren Trauben; Blütezeit Mai bis Juli

Hier wächst sie → sonnige bis halbschattige Stellen in nassem Boden oder im Wasser; in sauberen, schnell fließenden Bächen, an Quellen, Teichen

Vorsicht: nicht verwechseln mit → dem Bitteren Schaumkraut (*Cardamine amara*), das markgefüllte Stängel und violette Staubgefäße hat, ist jedoch ebenso essbar

Der Star unter den Kräutern

Einst war sie in aller Munde, galt gar als Arme-Leute-Kraut. Das einfache Volk nutzte die Brunnenkresse als billige Zutat für die Frühlingsküche. Gleichzeitig wissend, dass das Kräutlein mit dem scharfen Aroma nicht nur die Lebensgeister weckt, sondern auch mal Magen und Darm so richtig durchputzt. Als die Brunnenkresse durch Schwinden ihrer Lebensräume immer seltener wurde, avancierte sie zum Gourmetkraut der Sterneküche. Glück hat, wer einen sauberen Bach mit Brunnenkresse in der Nähe weiß.

Kann denn Schärfe Sünde sein?

Seit der Antike ist überliefert, dass Brunnenkresse in der Frühjahrskost eine bedeutende Rolle gespielt hat. Man schätzte sie allenthalben für ihre blutreinigende und blutbildende Wirkung, als Therapeutikum gegen Rheuma und Gicht. Frauen wussten die Brunnenkresse bei Menstruationsstörungen und zur Wehenförderung zu nutzen. Bis heute hält sich der Glaube, das Kraut wirke als Aphrodisiakum und helfe bei unerfülltem Kinderwunsch.

- Der scharfe Geschmack entsteht durch Glucosinulate oder Senföle. Auf Schärfe reagiert unser Körper mit vermehrter Produktion von Speichel im Mund und Sekreten im Verdauungstrakt, um die Stoffe zu verdünnen.

- Das hat viele positive Effekte: Das Essen wird gründlicher durchfeuchtet, der Magen bereits „vorgewärmt", im Darm wird besser verdaut, die scharfen Stoffe wirken insgesamt stoffwechselanregend und immunstärkend, nicht zuletzt noch harntreibend und desinfizierend auf die Blase.

- Glucosinulate wirken antibiotisch, räumen im Körper mit unerwünschten Keimen auf. Sie „putzen" also richtig durch, was bei Frühjahrskuren zur Entschlackung und Entgiftung höchst willkommen ist.

- Brunnenkresse enthält sehr viel Jod, mehr als die meisten Kräuter und Gemüse. Jod ist als wichtiges Spurenelement im Stoffwechsel sowie zum Aufbau von Schilddrüsenhormonen unverzichtbar.

- Mit ihrem Gehalt an Vitamin C sowie den vielen Mineralien gilt Brunnenkresse wie viele andere Frühlingskräuter als hilfreiches Mittel, die Frühjahrsmüdigkeit zu besiegen.

Auch super!

Wiesenschaumkraut (*Cardamine pratensis*), Gartenschaumkraut (*Cardamine hirsuta*) oder im Garten auch Kresse (*Lepidium sativum*) und Kapuzinerkresse (*Tropaeolum majus*) können in Sachen Superfood durchaus mit der Brunnenkresse mithalten.

Super ernten

- einzelne Blätter
- beblätterte Triebe bis zur Blüte
- Blütenstände

Super gut

- Phytamine: Glucosinulate, Flavonoide, Bitterstoffe, β-Carotin und mehr
- Vitamine: vor allem Vitamin A, B_2, C, E und K
- Mineralstoffe: Eisen, Jod, Mangan, Phosphor, Calcium, Kalium und weitere

Super genießen

- am besten ganz frisch und roh
- höchstens ganz kurz gegart
- in Salaten, Saucen, Dressings, Pesto, Kräuterbutter oder -quark
- für grüne Smoothies als Würze
- in Suppen, Gemüsegerichten, Kartoffelpüree, Eierspeisen
- in Senf, Essig und Öl

Dinkelreisrand
mit Brunnenkresseschaum und Frühlingsblüten

Vegan

Zutaten für vier Portionen:

- 300 g Dinkelreis (entspelzter, leicht geschliffener Dinkel)
- Pflanzenöl
- Gemüsebrühe
- Salz
- 2 Schalotten
- ¼ l Hafermilch
- 1 EL scharfer Senf
- 1 Handvoll Brunnenkresse (ersatzweise Gartenschaumkraut)
- Wildkräutersalz
- essbare Blüten zum Garnieren, z. B. Primeln, Gänseblümchen, Veilchen

→ Dinkelreis in etwas heißem Pflanzenöl kurz andünsten, dann mit der doppelten Menge Gemüsebrühe aufgießen, leicht salzen und bei milder Hitze rund 25–30 Minuten garen, abgießen und warm stellen.

→ Schalotten schälen und würfeln. In wenig Pflanzenöl weich garen, ohne dass die Schalotten Farbe nehmen. Mit Hafermilch ablöschen. Senf dazugeben, alles kurz ziehen lassen.

→ Brunnenkresse verlesen, waschen und auf Küchenpapier trocknen, grob hacken. Mit einem Mixstab unter die Sauce mixen, dabei gleichzeitig die Sauce aufschlagen, bis diese gut schaumig wird. Mit Wildkräutersalz abschmecken.

→ Sauce sofort mit dem Dinkelreis servieren. Mit essbaren Blüten garnieren.

DEFTIGE VARIANTE

Kartoffelsalat mit Brunnenkresse: Speckige Kartoffeln mit Essig-Öl-Dressing anrichten, reichlich frisch geschnittene Brunnenkresse unterheben. Passt perfekt zu Backhähnchen oder Roastbeef.

Mein persönliches Highlight

Grüne Sauce, auf Basis von Schmand, saurer Sahne, Joghurt oder Mayonnaise, wird mit Brunnenkresse so richtig geschmackvoll. Als kalter Dipp zu Fisch, Tafelspitz oder Gemüsesticks ein Gedicht!

Große Brennnessel

Von nichts zu wenig, von nichts zu viel – das charakterisiert die allbekannte Wildpflanze am besten. Kaum ein Superfood, das vielseitiger zu nutzen ist: traditionsreich als Spinatgemüse, innovativ als Pulver – Brennnesseln passen zur Bauernküche genauso wie in die vegane Ernährung.

Kleine Vorstellungsrunde

So heißt sie botanisch → *Urtica dioica*

So sieht sie aus → ausdauerndes, hüft- bis schulterhohes, zweihäusiges Kraut mit vierkantigen Stängeln, überall mit Brennhaaren besetzt; gegenständige, gestielte, schlank herzförmige, am Rand gezähnte Blätter; unscheinbare Blüten, männliche gelblich grün in seitwärts gerichteten Rispen, weibliche weißlich bis hellviolett in hängenden Rispen; Blütezeit Juli bis Oktober; kleine, kantige Nussfrüchte

Hier wächst sie → an sonnigen bis schattigen Stellen auf nährstoffreichem Boden; Auwälder, Waldränder, Gebüsche, Gärten, Ödland

Wichtig → Im Brennsaft der Haare finden sich Histamin, Acetylcholin und Serotonin – bei Histaminintoleranz sollte man auf Brennnesseln besser verzichten.

Vorsicht: nicht verwechseln mit → der Kleinen Brennnessel (*Urtica urens*), die rundlichere Blätter hat und viel stärker brennt, aber nach Vorbehandlung (Waschen, Walken, Schneiden, Blanchieren) ebenso genießbar ist

Erkennt jeder blind

Nur gut, dass sie brennt, sonst wäre sie schon längst ausgerottet – sagt man zu Recht. Anfassen mag sie niemand gerne, eben weil sie sich mit ihren Brennhaaren wehrt, was fast jeder schon einmal schmerzhaft zu spüren bekommen hat. Trotzdem gehört die Brennnessel zu den am meisten verzehrten Wildpflanzen. Vor allem als würziges Spinatgemüse oder aromatisch in Frühlingssüppchen kommt die Nessel noch heute auf den Tisch. Wer es moderner mag, packt das Superkraut in Lasagne, Gnocchi oder Risotto. Im Smoothie oder als Tempura taugt die „Stinging Nettle" selbst für Hipster.

Ran an die Nesseln

Statt sich in die Nesseln zu setzen, pflückt man Blätter und Triebe doch besser mit Handschuhen. Sorgfältiges Waschen und anschließendes Trockentupfen zwischen Küchentüchern beraubt die Brennnessel schon fast komplett ihrer Brennhaare. Wer sie roh genießen möchte, kann sie noch mit einem Nudelholz walken oder ganz fein hacken – dann brennt garantiert nichts mehr.

- Brennnesseln sind wertvolle Eiweißlieferanten, optimal als Proteinquelle für Vegetarier und Veganer. Mit 5–9 % des Frischgewichts, also rund 40 % des Trockengewichts, enthalten Brennnesseln fast doppelt so viel Eiweiß wie Sojabohnen.

- Brennnesseln strotzen nur so vor Chlorophyll, aus ihr bezieht die Lebensmittelindustrie grünen Farbstoff, um etwa Gurken attraktiv grün leuchten zu lassen. Chlorophyll gilt wegen seiner Ähnlichkeit zum Blutfarbstoff Hämoglobin als blutbildend, beugt Magnesiummangel vor und fängt freie Radikale ab.

- Brennnesseln rühmt man völlig zu Recht wegen ihres hohen Eisengehalts. Weil gleichzeitig auch noch eine gehörige Portion Vitamin C mitgeliefert wird, kann der menschliche Körper das Eisen optimal aufnehmen.

Auch super!

Belebend, verdauungsfördernd und harntreibend wirken auch die harmlosen Doppelgänger der Brennnesseln: die Taubnesseln (*Lamium*). Die Blätter haben ein sehr typisches Aroma, das an Waldpilze erinnert, und sind ebenso wie Brennnesseln vielseitig nutzbar. Mit den nektarreichen Blüten lässt sich so manches Gericht krönen.

Super ernten

- junge Blätter vom Austrieb
- Triebspitzen jeweils mit den oberen vier Blättern
- Früchte

Super gut

- Eiweiß
- Chlorophyll
- Phytamine: vor allem Flavonoide, Phenolcarbonsäuren
- Vitamine: Vitamin A, C (300–400 mg pro 100 g Frischgewicht) und E
- Mineralstoffe: Eisen, Kalium, Magnesium, Mangan, Calcium, Silicium und weitere
- in den Früchten fettes Öl mit hohem Anteil an Linolsäure, Schleimstoffe, Carotinoide

Super genießen

- roh, gekocht oder getrocknet
- frisch für Kräuterbutter, Pesto, Getränke, Smoothies, Salate
- gekocht für Suppen, Gemüse, Eierspeisen, Bratlinge, Brot
- Früchte für Müsli, Energieriegel, Gebäck, Kräutersalz

Roggen-Schlutzkrapfen
mit Brennnesselfüllung in Wurzelgemüse

Vegetarisch, vollwertig

Zutaten für vier Portionen:

TEIG:
- 100 g Dinkelmehl
- 150 g Roggenmehl (Type 1370)
- 1 EL Pflanzenöl
- 1 Ei
- 50–100 ml Wasser
- ½ TL Salz

FÜLLUNG:
- 500 g frische Brennnesselspitzen
- 1 Zwiebel
- 1 Knoblauchzehe
- 1 EL Pflanzenöl
- 2 EL geriebener Berg- oder Almkäse
- 2 EL Semmelbrösel
- 200 g Magerquark
- Salz
- Pfeffer
- Muskatnuss

BEILAGE:
- 100 ml Olivenöl
- 100 g Wurzelgemüse (Karotten, Sellerie, Pastinaken, Steckrüben o. a.), vorgekocht und sehr klein gewürfelt

⟶ Für die Schlutzkrapfen die Teigzutaten zu einem glatten Teig verkneten. In Folie gewickelt zwei Stunden bei Zimmertemperatur ruhen lassen.

⟶ Für die Füllung Brennnesselspitzen verlesen und waschen. In reichlich Salzwasser kurz blanchieren, absieben und gut ausdrücken.

⟶ Zwiebel und Knoblauch schälen, fein würfeln und in Öl hell anschwitzen.

⟶ Brennnesseln fein hacken, mit Käse, Semmelbrösel, Zwiebeln und Knoblauch zum Quark geben. Mit Salz, Pfeffer und Muskat würzen, alles gut verrühren. Sollte die Masse zu weich sein, noch etwas mehr Semmelbrösel unterziehen.

⟶ Schlutzkrapfenteig halbieren. Teigstücke jeweils knapp 1 cm dick auswalken und mit Hilfe einer Nudelmaschine zu millimeterdünnen Platten ausziehen, ersatzweise mit dem Nudelholz sehr dünn auswalken.

⟶ Mit einem runden Ausstecher (etwa 10 cm Ø) dicht an dicht Kreise ausstechen. Dünn mit Öl bepinseln. Je eine kleine Portion Füllung auf die Kreise geben, mit einem zweiten Teigkreis abdecken, an den Rändern zwischen den Fingern oder mit einer Gabel sorgfältig zusammendrücken.

⟶ Wurzelgemüsewürfel in Olivenöl anschwitzen.

⟶ Schlutzkrapfen in siedendes Salzwasser geben und ziehen lassen, bis sie oben schwimmen. Mit einem Schaumlöffel herausholen, auf Tellern verteilen. Wurzelgemüse dazugeben.

VEGANE, LAKTOSEFREIE VARIANTE

Schlutzkrapfenteig mit 50 g Margarine statt Ei zubereiten. In der Füllung Quark und Käse durch 150 g Kartoffelpüree ersetzen und ganz nach Geschmack noch geröstete, gehackte Sonnenblumen- oder Kürbiskerne zufügen.

Mein persönliches Highlight

Brennnesselchips

In heißem Pflanzenöl knusprig frittierte Brennnesselblätter sind ein ausgefallener Knabberspaß. Würzen kann man sie stilecht mit Brennnesselsalz. Gehaltvoller: Brennnesselblätter vor dem Ausbacken durch Bierteig ziehen.

Giersch

Wer ihn als Unkraut schmäht, weiß nicht um seine wahren Werte: Giersch ist das **ultimative Super-Gemüse!** Als junges Gemüse einfach **unschlagbar**, die jungen Blättchen schmecken fein nach Petersilie, Karotte und Sellerie. Körper, was willst du mehr?

Kleine Vorstellungsrunde

So heißt er botanisch → *Aegopodium podagraria*

So sieht er aus → krautige, bis hüfthohe Pflanze, durch Ausläufer stets große Gruppen bildend; markant dreikantig gestielte Blätter, dreiteilig gefiedert, mindestens mittlere Fieder nochmals dreigeteilt; kleine weiße Blüten in schirmförmigen Doppeldolden; Blütezeit Juni bis Juli; eiförmige, geriefte, kümmelähnliche Spaltfrucht; stets angenehm kräuterwürzig duftend

Hier wächst er → halbschattige bis schattige Stellen auf leicht feuchtem, nahrhaftem Boden; Wälder, Gebüsche, Gärten und Parks

Vorsicht: nicht verwechseln mit → Sämlingen vom Schwarzen Holunder (*Sambucus nigra*), die oft zwischen Giersch wachsen, aber mit fünf bis sieben Fiederblättern, beim Reiben steigt ein unangenehmer Geruch auf

Giersch is good for you

Zipperleinskraut, so nannte man den Giersch früher. Wenn einen das Zipperlein plagte, waren Kuren mit dem Giersch angebracht. Das heißt, Giersch ist ein altes Heilkraut gegen die Gicht. Gierschumschläge und Gierschtee bringen bei einem schmerzhaften Gichtschub sowie bei rheumatischen Beschwerden Linderung. Unerlässlich ist auch eine Umstellung des Essens, am besten Gierschlimonade und Gierschgemüse statt Bier und Schweinebraten.

Daraus lässt sich für den heutigen Alltag viel lernen: Giersch hilft gegen Übersäuerung und beugt Stoffwechselerkrankungen vor. Giersch gilt als der „bessere Spinat", weil er vollgepackt ist mit wertvollen Inhaltsstoffen, gleichzeitig frei von Oxalsäure, die in hoher Dosierung die Nieren angreift.

Der Spinat unserer Vorfahren

Schon in der Steinzeit dürften die Menschen Giersch auf ihrem Speiseplan gehabt haben, nachweislich seit der Antike und erst recht im Mittelalter. Kein Klostergarten ohne Giersch! Was früher willkommenes Gemüse war, das ganz von allein gedieh, soll heutzutage nur noch gehasstes Unkraut sein?

- Giersch wirkt durch seinen hohen Kaliumgehalt harntreibend, mobilisiert die Verdauung, pusht den Stoffwechsel. Harnsäure und Entzündungsstoffe werden gelöst, abtransportiert und ausgeschwemmt.

- Mit seinem Vitamin- und Mineralstoffgehalt gehört Giersch seit alters her zu den unverzichtbaren Kräutern für eine Frühjahrskur. Eine Gründonnerstagssuppe ohne Giersch? Undenkbar.

- Mit ungefähr viermal so viel Eisen und viermal so viel Vitamin C wie Spinat ist Giersch eine wesentlich bessere Quelle für eine gute Versorgung des Körpers mit dem blutbildenden Spurenelement.

- Weil er vertraute Aromen mit mildem Geschmack verbindet, lässt er sich außerordentlich vielseitig in die tägliche Nahrung integrieren: im Frühjahr der Austrieb als zarte Rohkost, im Sommer die Blätter und Stängel gekocht, gedünstet, püriert und kombiniert, im Herbst die Früchte und schon wieder nachgewachsene Blättchen als Gewürz.

Auch super!

Oft direkt neben dem Giersch zu finden: die Knoblauchsrauke (*Alliaria petiolata*). Die jungen Blätter schmecken im Frühling am besten, dabei entfalten sie ein kräftiges Knoblaucharoma. Ihre weißen Blüten werten Salate auf, die schwarzen Samenkörnchen ergeben ein kräftig-scharfes Gewürz.

Super ernten

- junge Blätter, am besten noch gefaltet
- weiche, saftige Blattstiele
- junge Blütenstiele
- Knospen und Blüten
- junge, noch grüne und weiche Früchte

Super gut

- Eiweiß
- Chlorophyll
- Phytamine: ätherische Öle, Flavonoide
- Vitamine: Vitamin A und C (80–120 mg pro 100 g Frischgewicht)
- Mineralstoffe: vor allem Kalium, Eisen

Super genießen

- roh oder gekocht
- frisch für Salate, Kräuterbutter, Quark, Rohkost, Smoothies, Getränke
- gekocht für Spinatgemüse, Suppen, Füllungen, Eierspeisen, Bratlinge, Brot
- Blattstiele und Blütensprossen gedünstet als Stängelgemüse
- Früchte als Gewürz

Giersch-Quiche

Vegetarisch, vollwertig

Zutaten für vier Portionen:

- 250 g Weizen-Vollkornmehl
- 100 g Butter
- 1 TL Salz
- 100 ml kaltes Wasser
- 500 g Giersch (wahlweise auch mit anderen Wildkräutern gemischt)
- 1 Zwiebel
- 30 g Butter
- Knoblauch nach Belieben
- 3 Eier
- 100 ml Sauerrahm oder Crème fraîche
- Salz
- Pfeffer aus der Mühle
- Muskat
- Semmelbrösel
- 100 g Käse, gerieben
- 2–3 EL Sonnenblumen- oder Kürbiskerne

→ Mehl mit der Butter, Salz und dem kalten Wasser zügig zu einem Mürbeteig verkneten. Teig zu einer Kugel formen, in Klarsichtfolie wickeln und mindestens eine Stunde im Kühlschrank ruhen lassen.

→ Für die Füllung den Giersch verlesen, waschen, und kurz in kochendem Wasser blanchieren. Gut ausdrücken und grob hacken. Zwiebel fein würfeln, in wenig Butter weich dünsten, nach Belieben Knoblauch zugeben und kurz mitziehen lassen.

→ Eier mit Sauerrahm verquirlen, mit Salz, Pfeffer und Muskat würzen, Giersch zufügen.

→ Teig ausrollen und in eine gefettete, mit Semmelbröseln bestreute oder mit Backpapier ausgelegte Springform (28 cm Ø) legen, einen 2–3 cm hohen Rand formen. Mit einer Gabel mehrfach einstechen.

→ Füllung auf den Teig gießen. Mit Käse, Sonnenblumenkernen und einigen Butterflocken bestreuen.

→ Im Backofen (auf 200 °C Ober-/Unterhitze vorgeheizt) 25–30 Minuten goldbraun backen.

VEGANE, GLUTENFREIE VARIANTE

Lecker ist eine Giersch-Lasagne, bei der statt Nudelblättern ein herzhafter, ohne Eier und Sahne zubereiteter Gierschspinat zwischen dünne Gemüsescheiben, z. B. Kohlrabi oder Zucchini, geschichtet wird. Statt Käse kommen geriebene Nüsse dazu, obenauf Semmelbrösel – und ab in den Ofen.

Mein persönliches Highlight

Superfood in den Superdrink
Gierschblätter geben schlichtem Apfelsaft viel Geschmack. Ein Sträußchen Gierschblätter oder -blüten zwei Stunden hineingelegt, dann mit Mineralwasser aufgespritzt und mit Zitrone verfeinert – diese Giersch-Limo ist der Hit!

Spitzwegerich

Ist das noch Nahrung oder schon Medizin? Die Frage ist berechtigt, denn der Spitzwegerich gehört zu den stärksten **pflanzlichen Antibiotika** und hilft gegen vielerlei Krankheiten. Aber er schmeckt eben auch gut. Warum also nicht als **gesunde Urkost** essen?

Kleine Vorstellungsrunde

So heißt er botanisch → *Plantago lanceolata*

So sieht er aus → handspannenhohes Kraut mit dichter Blattrosette; lange, schmale, spitz zulaufende Blätter, längs von kräftigen Blattadern durchzogen; unscheinbare Blüten in kurzen, kugeligen bis spitzkegeligen Ähren mit vielen langgestielten weißen Staubgefäßen; Blütezeit Mai bis September; kleine, körnige, braune Kapselfrüchte

Hier wächst er → sonnige Stellen auf nährstoffreichem Boden; Wiesen, Weiden, Wegränder, Gärten, Parks

Hidden Champion

Unbestritten, ein heimlicher Superstar. Man dürfte den Spitzwegerich sogar „Hidden Champignon" nennen, ohne ihn zu verspotten. Denn er schmeckt nach kurzem Kauen deutlich nach Champignons! Am deutlichsten ist dies bei den kleinen Blütenköpfen wahrzunehmen.

Einzig seine derben Rippen, die parallel die spitzen Blätter durchziehen, könnten den Genuss schmälern. Das passiert nicht, wenn die Blätter mit einem schweren, scharfen Messer quer zu diesen Blattadern fein geschnitten werden. So ist er angenehm zu essen. Die Mühe sollte man sich in jedem Fall machen, auch wenn der Spitzwegerich noch gekocht wird oder in den Mixer wandert. Die kräftigen Wasserleitungsbahnen wickeln sich sonst nur allzu leicht um das Schneidwerk.

Was der alles kann

Ein zerknautschtes Blatt hilft gegen Insektenstiche und Brennnesselquaddeln, der Sirup gegen Husten und Heiserkeit. Frisch gegessen, zu Saft gepresst oder im Smoothie unterstützt er unseren Körper, sich vor Stress, Erschöpfung und daraus bedingten Krankheiten besser zu schützen. Als sogenanntes Adaptogen steigert er die körpereigene Abwehr.

- Sanft und doch stark – Schleimstoffe im Spitzwegerich, vor allem in den zarten jungen Blättern, mildern die herben Geschmackstöne deutlich ab. Sie fördern aber auch die Verdauung, fangen Giftstoffe ab, können regulierend auf Blutzucker und Cholesterinspiegel wirken und stärken das Immunsystem.

- Altbekannt und doch neu bewertet – Iridoide im Spitzwegerich spielen die herausragende Rolle für seine antibiotische Wirkung, steigern ebenso die Leistungsbereitschaft des Immunsystems. Vor schädlichen Mikroorganismen schützen diese Stoffe nicht nur die Pflanze, sondern auch den, der die Pflanze isst. Und das, ohne dass Resistenzen zu befürchten sind.

- Für schöne Haut und mehr – das Spurenelement Zink ist unentbehrlich für zahlreiche Prozesse in unserem Körper, darunter für Wachstum, Haut, Wundheilung, Insulinspeicherung, Spermienproduktion und mehr.

Auch super!

Ähnlich wie der Spitzwegerich zeichnen sich auch die beiden nahen Verwandten Mittlerer Wegerich (*Plantago media*) und Breitwegerich (*Plantago major*) als Superfoods aus. Vom Breitwegerich sind insbesondere die Früchte interessant: Sie quellen mit Wasser stark auf, stecken voller Polysaccharaide, die ein Gel bilden. Das aktiviert das Sättigungsgefühl, bindet Giftstoffe und reguliert die Verdauung.

Super ernten

- junge Blätter aus der Rosettenmitte
- junge Blütenköpfchen

Super gut

- Phytamine: Iridoide, Schleimstoffe, Gerbstoffe, Flavonoide und mehr
- Vitamine: vor allem Vitamin B und C
- Mineralstoffe: insbesondere Zink, Kalium, Silicium

Super genießen

- roh, gekocht, gebraten
- roh in Salaten, Aufstrichen, Säften, Smoothies
- gekocht für Suppen, Saucen, Eierspeisen, Gemüsegerichte
- Blütenköpfchen gebraten oder eingelegt

Offene Lasagne
mit Spitzwegerich

Vegetarisch, vegan, laktosefrei

Zutaten für vier Portionen:

- 10 Lasagneblätter
- etwas Pflanzenöl
- 1 Zwiebel
- 8 Kirschtomaten
- 8 Champignons
- 1 kleine Zucchini
- 1 Bündel Spitzwegerichblätter
- Salz
- Pfeffer
- 50 g Haselnüsse oder Mandeln
- 1 Handvoll Spitzwegerichknospen

→ Lasagneplatten in kochendem Salzwasser garen, abgießen, eiskalt abschrecken, halbieren und nebeneinanderliegend auskühlen lassen, dünn mit Öl bepinseln.

→ Zwiebel fein hacken, Kirschtomaten achteln, Champignons blättrig schneiden, Zucchini in dünne Scheiben hobeln, Spitzwegerich quer in feine Streifen schneiden.

→ Zwiebel in wenig Öl anschwitzen, übrige Gemüse zufügen und bei milder Hitze ganz leicht garen. Mit Salz und Pfeffer würzen.

→ Nüsse mit wenig Wasser sehr fein mixen, bis eine sehr cremige Paste entsteht. Diese in einen Spritzbeutel füllen.

→ Auf jeden Teller eine Lasagneplatte legen. Mit ein paar Tupfern Nusspaste versehen. Etwas Gemüse-Spitzwegerich-Mischung darauf verteilen, mit einer Lasagneplatte abdecken. Mit der Schichtung fortfahren, oben mit einer Lasagneplatte abschließen.

→ Spitzwegerichknospen in wenig Öl braten, über die Lasagne verteilen.

GLUTENFREIE VARIANTE

Statt der Nudelteigplatten einfach dünn gehobelte und im Dampf gegarte Scheiben von Kartoffeln (festkochende Sorte) oder Roter Bete für die offene Lasagne verwenden.

Mein persönliches Highlight

Junge, noch grasgrüne Blütenstände vom Breitwegerich kurz dämpfen oder in wenig Öl braten – das ist die Krönung für ein schlichtes Kartoffelpüree oder ein edles Filetsteak.

Gewöhnlicher Löwenzahn

Pusteblume schon, aber nix da mit Pustekuchen: Löwenzahn steckt randvoll mit gesunden Stoffen und gilt seit jeher als universelles Stärkungsmittel. Erschöpfung und Müdigkeit sind wie weggeblasen, wenn der Löwenzahn seine Superfoodqualitäten auspackt.

Kleine Vorstellungsrunde

So heißt er botanisch → *Taraxacum officinale*, *Taraxacum* sect. *Ruderalia*

So sieht er aus → handspannen- bis kniehohes Kraut mit tiefreichender, fleischiger Pfahlwurzel; Rosette aus mehr oder weniger tief gelappten bis gezähnten Blättern; goldgelbe Blütenkörbe auf hohlen, Milchsaft führenden Stängeln; Blütezeit April bis Mai, vereinzelte Nachblüte bis November; kleine Früchte an Fallschirmchen, zur typischen „Pusteblume" vereint

Hier wächst er → an sonnigen Stellen auf nährstoffreichem Boden; Wiesen, Weiden, Wegränder, Gärten, Parks

Vorsicht: nicht verwechseln mit → dem Wiesen-Pippau (*Crepis biennis*), Milchkräutern (*Leontodon*) oder dem Ferkelkraut (*Hypochaeris radicata*) mit rauen Blättern, dem Hirtentäschel (*Capsella bursa-pastoris*) mit unregelmäßig eingeschnittenen, nicht scharf gezähnten Blättern, der Gänsedistel (*Sonchus asper*) mit dornig gezähnten Blättern – alle aber ungiftig

Tierisch stark

Was für Liebhaber makelloser Grünflächen ein Albtraum ist, wissen ernährungsbewusste und auf Gesundheit bedachte Menschen hoch zu schätzen. Löwenzahn platzt fast vor Lebensenergie, ist dabei zäh und widerstandsfähig. Warum nicht davon profitieren? Von der Wurzel bis zur Blüte lässt sich vom Löwenzahn (fast) alles nutzen, nur die Früchte bleiben außen vor, wenn es um Küche und Kulinarik geht. Besonders im Frühling ist Löwenzahn in aller Munde. Scharf gezähnte Blätter und goldgelbe Blütenmähnen erinnern nicht nur optisch an den König der Tiere, sie verleihen auch Löwenkräfte. Nicht von ungefähr gehört Löwenzahn in jede Frühjahrskur.

Die bittere Wahrheit

Löwenzahn gehört zu den sogenannten Bitterkräutern, aber zu den deutlich mildesten. Junge Blätter schmecken angenehm zart bitter, verglichen mit älteren Exemplaren oder gar den hohlen Stielen voller Milchsaft. Aber im Löwenzahn steckt noch viel, viel mehr.

- Löwenzahn gilt als eine der reichsten Quellen von Vitamin K (600 µg pro 100 g Frischgewicht). Schon ein paar Blättchen decken den Tagesbedarf an diesem fettlöslichen Vitamin, das die Blutgerinnung kontrolliert, die Knochenbildung aktiviert und Blutgefäße vor Plaque schützt.

- Cholin, eine vitaminähnliche Substanz, gewährleistet einen guten Fettstoffwechsel, verhindert Fetteinlagerung in die Leber und ist für eine gesunde Funktion von Leber und Gehirn nötig.

- Bitterstoffe wirken appetitregulierend, zunächst regen sie sämtliche Verdauungsorgane an, dann bremsen sie Heißhunger und übertriebene Esslust.

- Bitterstoffe bringen Magen und Darm auf Trab, steigern die Produktion von Verdauungssäften, fördern die Motorik und beschleunigen die Ausscheidung. Man spürt mehr Leistungskraft und Wohlbefinden.

Auch super!

Topinambur: Wie Löwenzahn enthält auch Topinambur (*Helianthus tuberosus*) in seinen knolligen Wurzeln Inulin. Das hat ihm den Rang eines Functional Food eingetragen. Inulin hat kaum Kalorien und erhöht den Blutzuckerspiegel nicht. Als unverdaulicher Ballaststoff mit prebiotischer Wirkung fördert Inulin das Wachstum guter Darmbakterien.

Super ernten
- junge Blätter aus der Rosettenmitte
- Knospen
- voll erblühte Blütenstände
- Wurzeln

Super gut
- Inulin (in der Wurzel)
- Eiweiß
- Phytamine: Bitterstoffe, Flavonoide, Cumarine, Phytosterine, Schleimstoffe, Carotinoide, Cholin
- Vitamine: vor allem Vitamin K und A, aber auch C und E
- Mineralstoffe: Kalium, Calcium, Magnesium, Phosphor, Eisen

Super genießen
- roh, gekocht, gebraten und eingelegt
- rohe Blätter und Blüten für Salate, Quark, Suppen, Rohkost, Saft, Smoothies
- gekochte Blätter für Mischgemüse, Kartoffelgerichte, Eierspeisen, Bratlinge
- gekochte, gebratene Wurzeln in Gemüsepfannen, geröstet für Kaffee

Löwenzahn-Pesto
zu Kartoffelplätzchen auf Radieschen-Carpaccio

Vegetarisch, vollwertig

Zutaten für vier Portionen:

- 1 Handvoll Löwenzahnblätter
- 2 EL getrocknete Kirschtomaten oder 2–3 getrocknete Tomaten
- 2 EL Sonnenblumenkerne
- 1 EL Kürbiskerne
- Salz
- Pfeffer
- 200 ml Olivenöl
- 3 EL geriebener Parmesan
- 600 g Kartoffeln (mehlig kochende Sorte)
- 1 Ei
- 20 g Mehl
- Muskat
- 50 g feiner Grieß
- 2 Bund Radieschen
- Saft von ½ Zitrone
- 1 EL gutes Olivenöl
- Löwenzahn- und Gänseblümchenblüten

→ Löwenzahnblätter in einer großen Schüssel Wasser waschen, dabei wird viel vom sehr bitteren Milchsaft ausgeschwemmt. Anschließend in einem Sieb sorgfältig abtropfen lassen, eventuell noch auf Küchenpapier trocknen.

→ Löwenzahn und Tomaten grob hacken, in einen Mixer geben.

→ Sonnenblumen- und Kürbiskerne in einer Pfanne ohne Fett rösten, grob hacken. Abgekühlt ebenfalls in den Mixer geben.

→ Mit Salz, Pfeffer und dem Öl zu einem cremigen Pesto mixen, zuletzt den Parmesan unterziehen.

→ Mehlig kochende Kartoffeln im Dampf garen, durch eine Kartoffelpresse drücken, mit Ei und Mehl, etwas Salz und Muskat zu einem Teig vermengen.

→ Esslöffelweise abstechen, runde Plätzchen formen, in Grieß wälzen. Die Kartoffelplätzchen in Öl oder Butter in der Pfanne goldbraun braten.

→ Radieschen putzen, waschen, in hauchdünne Scheiben hobeln, auf einen Teller auslegen, leicht salzen, mit ein paar Spritzern Zitronensaft und Olivenöl beträufeln.

→ Kartoffelplätzchen darauflegen, je einen Klacks Löwenzahnpesto dazugeben. Mit Löwenzahn- und Gänseblümchen garnieren.

VEGANE, LAKTOSE- UND GLUTENFREIE VARIANTE

Löwenzahn mit lila Kartoffeln und Apfelspalten: Lila Kartoffeln schälen, würfeln, in wenig Öl langsam knusprig braten. Löwenzahn in Stücke schneiden, die kräftigen Stücke zu den Kartoffeln geben. Mit etwas Gemüsebrühe und Orangensaft ablöschen, etwa 10 Minuten leise köcheln. Apfel in dünne Spalten schneiden, zusammen mit den grünen Löwenzahnabschnitten in die Pfanne geben. Salzen, pfeffern, nochmal alles kurz erhitzen. Servieren.

Mein persönliches Highlight

Eine Handvoll noch geschlossener Löwenzahn-Blütenknospen mit fein gewürfelter Zwiebel kurz schmoren. Mit Mehl überstäuben, einen Becher Sahne angießen. Mit 1 TL scharfen Senf, Salz und frisch gemahlenem Pfeffer würzen – fertig ist eine herrliche Sauce zu frisch gekochten Spargelstangen.

Gundermann

Erdefeu, Guckdurchdenzaun – die alten Namen beschreiben anschaulich Aussehen wie Vorkommen des Gundermanns. **Suppenwurze** sagt aus, dass Gundermann seit eh und je in der Küche Verwendung findet. **Heilrauf** oder **Magentrost** erklären sich von selbst.

Kleine Vorstellungsrunde

So heißt er botanisch → *Glechoma hederacea*

So sieht er aus → niederliegendes bis kriechendes, zur Blütezeit gut knöchelhoch aufsteigendes Kraut; mehr oder weniger vierkantige Stängel mit gegenständigen, gestielten, leicht flaumig behaarten, herz- bis nierenförmigen und am Rand eingekerbten Blättern; blauviolette, selten rötliche Lippenblütchen mit purpurnen Mustern in den Blattachseln; Blütezeit April bis Juni

Hier wächst er → sonnige bis schattige Stellen auf nährstoffreichem, eher feuchtem Boden; Wiesen, Weiden, Wälder, Hecken, Gärten, Parks

Vorsicht: nicht verwechseln mit → den jungen Blättern der Knoblauchsrauke (*Alliaria petiolata*), bei der jedoch jedes Blatt einzeln gestielt ist und beim Reiben nach Knoblauch riecht; dem Kriechenden Günsel (*Ajuga reptans*) oder der Kleinen Braunelle (*Prunella vulgaris*), deren Blätter aber oval und nicht gekerbt sind; mit der giftigen Poleiminze (*Mentha pulegium*) mit eiförmig zugespitzten, leicht gezähnten und scharf aromatisch riechenden Blättern

Frischer Wind und feine Würze

Ein Blatt vom Gundermann achtsam gekaut, schon ist der Atem wieder frisch. Dank vieler ätherischer Öle, unterstützt von viel desodorierendem Chlorophyll, reinigt das kleine Kraut die Mundhöhle. Mit intensivem, aber auch eigenwilligem Duft nach Thymian, Minze und Kampfer eignet sich die „Soldaten-Petersilie“ sehr gut als Gewürz. Der herb-balsamische Gundermann passt, wie sonst nur ganz wenige Kräuter, sowohl zu herzhaften wie zu süßen Speisen.

Famoses Kräutlein

Ohne Gundermann würde der berühmten „Neunkräuterstärke“, der Lebensgeister weckenden Frühlingskost, ein wesentlicher Bestandteil fehlen. Obwohl Gundermann seine Bedeutung als Heilkraut heutzutage eingebüßt hat, bleibt er als Wildkraut in der Küche präsent.

- Herr der Gifte und des Eiters: Der Gundermann soll schädliche Stoffe aus dem Körper leiten. Bergleute, Büchsenmacher, Maler und andere tranken einst regelmäßig Gundermanntee oder -bier, um den Körper von Blei und anderen Schwermetallen zu befreien.
- Die alten Kräuterweisen von Hildegard von Bingen über Paracelsus, Tabernaemontanus, Leonhart Fuchs bis Pfarrer Kneipp rühmen den Gundermann ob seiner gesundenden Wirkungen als „Heil der Welt“.
- Moderne Forschungen haben ergeben, dass Gundermann antibakteriell und entzündungshemmend wirkt, zudem im Labor Krebszellen zum Absterben bringt, bei Tieren Hautgeschwüre und Magentumore hemmt.
- In der Volks- und Erfahrungsheilkunde in Italien gilt Gundermann als Mittel gegen Rheuma und Arthritis.
- Mit seiner intensiven Würzkraft trägt Gundermann in jedem Fall zu einem gesunden Appetit bei, seine feine Bitterkeit regt die Verdauung an, das Geschmackserlebnis führt zu einem bewussteren Genuss des Essens.

Auch super!

Alpen- oder Bergjohannisbeere: Wild wachsende Johannisbeeren (***Ribes alpinum***) gibt es in Wäldern und Hecken, sie sehen Garten-Johannisbeeren recht ähnlich. Die zeitig austreibenden Blättchen sind sehr eiweißhaltig und vitaminreich. Mit sanftem Biss und leicht pilzartigem Geschmack passen sie perfekt in Salate, können aber ebenso in Smoothies gemixt werden. Die roten Früchte bleiben sehr mild.

Super ernten
- junge Blätter
- zarte Triebspitzen, auch mit Blüten

Super gut
- Phytamine: ätherische Öle, Flavonoide, Terpene, Gerbstoffe, Bitterstoffe u. a.
- Vitamine: vor allem Vitamin C
- Mineralstoffe: vor allem Kalium

Super genießen
- vorzugsweise frisch als Gewürz, auch getrocknet
- für herzhafte Gerichte wie Salate, Quark, Suppen, Gemüse, Rohkost, Saft, Smoothies
- für süße Speisen wie Obstsalate, Dessertcremes, Kuchen, Eiscreme, Bowle

Gundermann-Walderdbeer-Törtchen

Vegan

Zutaten für vier Portionen:

- 200 g Müsli
- 100 g Schokolade (vegan)
- 1 große Handvoll Gundermannblättchen
- 4 EL Mandelmus
- 1 TL Birnendicksaft
- Mark von ½ Vanilleschote
- 50 g Zartbitter-Kuvertüre
- 1–2 Handvoll Walderdbeeren

→ Müsli in Gefrierbeutel füllen und zum Zerkleinern mit dem Nudelholz mehrmals darüberrollen.

→ Schokolade schmelzen, mit Müsli mischen, auf Backpapier Törtchenböden von etwa 8 cm Durchmesser streichen (1 cm hoch), gut festdrücken. Erstarren lassen.

→ Einige besonders schöne Gundermannblätter beiseitelegen, die restlichen fein hacken.

→ Mandelmus mit Birnendicksaft und dem Vanillemark sowie den fein gewiegten Gundermannblättchen mit dem Handmixer sehr cremig aufrühren, eventuell noch etwas Wasser unterziehen.

→ Creme dünn auf die Törtchenböden streichen. Mit Walderdbeeren belegen.

→ Kuvertüre im Wasserbad sanft schmelzen, nicht zu heiß werden lassen! Die restlichen Gundermannblättchen damit bepinseln, auf Backpapier erkalten lassen. Als Garnitur zu den Törtchen reichen.

VARIANTE MIT KEKSBODEN UND JOGHURTSAHNE

Für die Törtchenböden 200 g Hafer- oder Vollkornkekse zerkrümeln und mit 75 g weicher Butter oder Margarine verkneten, diese Masse in Dessertringe füllen und gut festdrücken. Kalt stellen, nach 1 Stunde Dessertringe entfernen. 100 ml steife Schlagsahne mit 100 g stichfestem Joghurt, etwas angeriebener Zitronenschale, 2 EL Zucker, 1 TL Vanillezucker und Gundermannblättchen als dicke Schicht aufstreichen, Walderdbeeren obenauf legen. Mit Gundermannblättern in Schokolade garnieren.

Mein persönliches Highlight

Blitz-Tiramisu mit Gundermann
Löffelbiskuits zerbrechen, in Gläser schichten, mit Erdbeerlikör tränken. Joghurt oder Mascarpone leicht gesüßt und cremig gerührt darübergeben, frisches Obst, z. B. Erdbeeren, Birnen, Pfirsiche oder Orangen, geputzt und geschnitten obenauf. Mit fein geschnittenen Gundermannblättern und Schokostreuseln bestreuen.

Baumblätter

Alles zu seiner Zeit – auch und gerade Superfoods! Manche gibt es nur ganz kurz im Jahr, dafür bleibt der Genuss ein besonders eindrucksvolles Erlebnis: Wenn im Frühling die Bäume wieder ausschlagen und ihr frisches Grün sich entfaltet.

Kleine Vorstellungsrunde

Essbare Blätter von Laubbäumen und Sträuchern:

Feld-Ahorn (*Acer campestre*) → mild säuerlich, leicht herb
Spitz-Ahorn (*Acer platanoides*) → säuerlich-süßlich
Birke (*Betula*) → herb nussig
Buche (*Fagus sylvatica*) → zitronig
Brombeere (*Rubus* spec.) → säuerlich herb
Haselnuss (*Corylus avellana*) → säuerlich herb
Himbeere (*Rubus idaeus*) → mild säuerlich bis süßlich
Linde (*Tilia*) → sehr mild, leicht süßlich
Vogelkirsche (*Prunus avium*) → aromatisch bitter
Weide (*Salix*) → mild, leicht herb, mehlig
Weißdorn (*Crataegus*) → aromatisch

Essbare Triebspitzen von Nadelgehölzen:

Rot-Fichte (*Picea abies*) → zitronig-würzig
Wald-Kiefer (*Pinus sylvestris*) → harzig-aromatisch
Lärche (*Larix decidua*) → säuerlich-harzig
Weiß-Tanne (*Abies alba*) → orangenschalenartig

Jung und knackig

Wenn der Frühling mit Macht ins Land zieht, bieten Bäume und Sträucher alljährlich ein Spektakel in Grün. Ihre Knospen öffnen sich und geben zarte Blattspitzen und Triebe frei, die sich alsbald entfalten. Das frische Leben steckt voller Saft und Kraft, die Gehölze pumpen so viel Energie wie möglich in ihr neues Laub. Um sie vor grellem Sonnenlicht und nächtlicher Kälte zu schützen, enthalten ganz junge Blätter neben vielen Vitaminen und Mineralstoffen besonders viel Antioxidantien und Anti-Stress-Komponenten.

Achtsam ernten, genussvoll verspeisen

Solange Blätter von Bäumen und Sträuchern bzw. Nadeltriebe noch ganz klein und hellgrün sind, sich zwischen den Fingern leicht zerreiben lassen, kann man sie gut essen. Schon kurze Zeit später macht sie der Baum zäh, ledrig, wachsig und oft auch herb oder bitter.

Beim Ernten darf man nie vergessen, dass man mit jeder Knospe, jedem Blatt und jedem Trieb dem Baum oder Strauch ein Stück Zuwachs nimmt. Also heißt es, sich respektvoll zu beherrschen und niemals ganze Zweige zu leeren.

- Frisch ausgetriebene Blätter an Bäumen enthalten besonders viel Vitamin C, das merkt man oft schon am angenehm säuerlichen Geschmack.

- Junge Baumblätter sind noch zart und weich, lassen sich leicht kauen und geben ihre Nährstoffe im Körper leicht frei – volle Packung Vitalität also.

- Anfangs ist das Laub noch ein mildes, eiweißreiches und magenschonendes Baumgemüse, zusammenziehende Gerb- und herb schmeckende Bitterstoffe sind nur in angenehmer Dosierung vorhanden.

Super ernten
- Knospen, sobald sie aufbrechen
- junge Blätter und Triebspitzen
- junge Blütenstände, z. B. von Ahorn

Super gut
- Chlorophyll
- Eiweiß
- Phytohormone
- Phytamine: Flavonoide, ätherische Öle, Gerbstoffe, Bitterstoffe u. a.
- Vitamine: vor allem Vitamin C
- Mineralstoffe

Super genießen
- vorzugsweise frisch und roh
- höchstens ganz kurz blanchiert oder gedünstet

Auch super!

Nicht nur junge Blätter, selbst die Keimlinge mancher Bäume sind ein wahrer Gaumenschmaus. Von Buchen und Ahorn-Arten können die in manchen Jahren tausendfach aufgehenden Samen sehr gut gesammelt und wie die frischen Blättchen gegessen werden.

Frühlingswaldsalat

Vegan

Zutaten für vier Portionen:

- 4 große Handvoll Baumblätter
- 12 Fichtentrieb-spitzen
- 2 EL milder Essig
- Salz
- Pfeffer
- 3–4 EL Hasel- oder Walnussöl
- 4–8 Scheiben Brot, z. B. Baguette, Ciabatta, Focaccia, Kartoffel- oder Dinkelbrot

→ Baumblätter und Fichtenspitzen sorgfältig verlesen, waschen und auf Küchenpapier trocknen.

→ Essig, etwas Salz und Pfeffer mit dem Öl kräftig zu einem Dressing verquirlen.

→ Baumblätter dekorativ auf Tellern verteilen, mit dem Dressing besprenkeln. Noch besser: Dressing in einen Essigsprüher füllen und das Dressing damit fein über die Baumblätter nebeln.

→ Brotscheiben nach Belieben kurz rösten und dazu reichen.

REICHHALTIGERE VARIANTE

Klein geschnittene getrocknete Tomaten oder Rosinen, geröstete Pinienkerne oder Mandelsplitter, geraspelte Möhren oder Pastinaken, in Spalten geschnittene Birnen oder eingelegte Quitten zu den Baumblättern geben. Als Dressing Birnenbalsam mit Haselnussöl verrühren. Vollwertig wird der Baumblättersalat durch eine Beilage, etwa Getreidereis oder Kartoffeln.

Mein persönliches Highlight

An jungen Spitzen von Fichten komme ich im Frühling kaum vorbei. Ihr einzigartiger Duft, ihr säuerlich harziger Geschmack weckt meine Lebensgeister. Warum nicht mal als Eis? Fichtenspitzen mit Zucker pürieren und mit Sahne mischen, in der Eismaschine gefrieren lassen.

Wiesenkümmel

Superfoods müssen keineswegs Grundzutaten sein, viele schwingen sich zu edlen Gewürzen auf und entfalten ihre Kräfte bereits in geringer Dosierung. Zu diesen gehört unbedingt der Wiesenkümmel. Wer mal daran schnuppert, glaubt es sofort.

Kleine Vorstellungsrunde

So heißt er botanisch → *Carum carvi*

So sieht er aus → ein- bis zweijähriges, meist kniehohes, locker verzweigtes Kraut; sehr fein gefiederte Blätter, deren unterstes Fiederpaar weit abgerückt und kreuzweise steht („Kümmelkreuz"); weiße, selten rosafarbene Blüten in filigranen Doppeldolden; Blütezeit Juni bis August; kleine sichelförmige Früchte, jeweils paarweise, in der Reife braun und zerfallend, mit charakteristischem Duft

Hier wächst er → an sonnigen Stellen mit eher trockenem Boden; Wiesen, Wegränder

Vorsicht: nicht verwechseln mit → dem üppiger beblätterten Wiesenkerbel (*Anthriscus sylvestris*), der an allen Teilen rau behaarten Wilden Möhre (*Daucus carota*); mit der giftigen Hundspetersilie (*Aethusa cynapium*) mit breiteren, unangenehm riechenden Fiedern; mit dem zwar sehr giftigen, aber seltenen Schierling (*Conium maculatum*)

Von der Wiese am besten

Nachweislich seit der Steinzeit verwenden die Menschen Kümmel zum Essen. Also ist er eines der ältesten Superfoods. Vor allem die kleinen, halbmondförmigen Körner platzen schier vor Power. Einmal drauf beißen, schon explodieren im Mund die Aromen – überaus würzig, pfeffrig süßlich, ein wenig bitter und doch warm. Das liegt an den vielen ätherischen Ölen, die in den Kümmelfrüchten enthalten sind. Diese wirken krampflösend, blähungswidrig und verdauungsfördernd, nicht umsonst hat Kümmel eine lange Tradition als Heilpflanze. Wer einmal Kümmel direkt von einer bunten Wiese probiert hat, wird ihn stets dem Kümmel aus Anbau vorziehen – der wild gewachsene übertrumpft den vom Acker.

Rundweg essbar

Sämtliche Teile vom Wiesenkümmel sind genießbar. Junge Blätter, Blütenknospen, Blütendolden, sogar die rübenartigen Wurzeln gelten als energie-, eiweiß- und mineralstoffreich und lassen sich in der Küche verwerten. In puncto Würzigkeit stehen sie alle aber deutlich hinter den Früchten zurück.

- So klein und doch so aromastark: In den Früchten finden sich große Mengen an ätherischen Ölen, darunter vor allem Carvon. Sie wirken antimikrobiell, ein paar gekaute Kümmelsamen reinigen die Mundhöhle und sorgen für frischen Atem.

- So klein und doch so üppig mit Ballaststoffen ausgestattet: Ein Teelöffel Kümmelsamen deckt ein Zehntel der täglich empfohlenen Menge eines Erwachsenen.

- So klein und doch angefüllt mit hochwertigen Pflanzenproteinen: Kümmel besteht zu rund einem Fünftel aus Eiweiß, darin alle wichtigen Aminosäuren.

- So klein und doch so voller essenzieller Fettsäuren: Im Vergleich mit Haselnüssen oder Olivenöl schneidet Kümmel sogar besser ab, was den Gehalt an Omega-3- und Omega-6-Fettsäuren angeht.

Auch super!

Wiesenkerbel (*Anthriscus sylvestris*) steht oft in derselben Wiese wie der Wiesenkümmel. Er wirkt schon von Weitem wesentlich üppiger, weist einen von deutlich spürbaren Längsrillen durchzogenen Stängel auf und trägt im Umriss dreieckige, gröber gefiederte Blätter. Sein Aroma unterscheidet sich vom Kümmel deutlich, er duftet wie sein Name schon verrät eher nach Kerbel. Vom Wiesenkerbel nutzt man hauptsächlich junge Blätter, gerne auch in Smoothies.

Super ernten

- ganze Dolden mit noch grünen, unreifen oder vollreifen, braunen Früchten abschneiden
- Früchte abstreifen und frisch verwenden
- Dolden trocknen, reife Früchte fallen aus
- junge Blätter und Blüten

Super gut

- Eiweiß
- fette Öle, vor allem Omega-3- und Omega-6-Fettsäuren
- Phytamine: ätherische Öle, Flavonoide, Cumarine

Super genießen

- Früchte frisch oder getrocknet
- Früchte als Gewürz für alle blähenden und schwer verdaulichen Speisen, vor allem für Kohlgemüse, Hülsenfrüchte, deftige Fleischgerichte
- Blätter und Blüten als dekorative Zutaten

Obazda mit Kümmelbrotstangen

Vegan

Zutaten für vier Portionen:

OBAZDA:

- 100 g Tempeh
- 100 g Räuchertofu
- 75 g Margarine, zimmerwarm
- 100–150 ml Weißbier
- 1 Zwiebel
- Salz
- Pfeffer
- Paprika edelsüß
- ½ Handvoll Wiesenkümmelblätter
- 1 TL frische Wiesenkümmelsaat
- Wiesenkümmelblüten
- etwas Pflanzenöl

BROTSTANGEN:

- 200 g Roggenmehl
- 300 g Mehl, Type 550
- 260 g Wasser, lauwarm
- 1 Würfel Hefe
- 1 TL Salz
- 1 TL Zucker
- 2 EL Wiesenkümmelsaat

→ Tempeh und Tofu grob zerkleinern, mit Margarine und Bier fein pürieren.

→ Zwiebel fein hacken und unterrühren, mit den Gewürzen abschmecken.

→ Kümmelblätter fein hacken, Wiesenkümmelsaat im Mörser anstoßen und beides unterziehen. 2–3 Stunden im Kühlschrank durchziehen lassen.

→ Wiesenkümmelblüten in heißem Öl kurz anrösten, den Tofu-Obazda damit garnieren.

→ Für die Brotstangen Mehlsorten, Wasser, Hefe, Salz und Zucker kräftig verkneten, in 6–8 Portionen teilen, zu Stangen formen.

→ Auf ein bemehltes Backblech legen, zugedeckt 20 Minuten gehen lassen.

→ Oberfläche mit Wasser bepinseln, Wiesenkümmel draufstreuen. Bei 220 °C Ober-/Unterhitze rund 20 Minuten backen.

→ Obazda mit den noch lauwarmen Brotstangen servieren.

VARIANTE KARTOFFELKÄS „LIGHT“

300 g mehlige Kartoffeln kochen, pellen und durch die Presse drücken. Zwiebelwürfel und Schnittlauchröllchen sowie 200 g saure Sahne unterziehen, mit Rosenpaprika, Salz und Pfeffer abschmecken. Zerstoßenen Wiesenkümmel drüberstreuen.

Mein persönliches Highlight

Kümmelkekse als würzige Knabberei
300 g Vollkornmehl, 1 Ei, 200 g Butter mit 2 TL Thymian oder Rosmarin verkneten, kalt stellen. Ausrollen, Kekse ausstechen. Mit Eigelb bepinseln, Kümmel und wenig grobes Salz daraufstreuen. Bei 170 °C goldgelb backen.

Rotklee

Die Wiesenpflanze darf über den grünen Klee gelobt werden: Rotklee ist ein **echter Glücksfall**, ob drei- oder vierblättrig. Die hübschen rosaroten Blüten in kugeligen Köpfchen sind nicht nur bei **Hummeln und Bienen** äußerst beliebt.

Kleine Vorstellungsrunde

So heißt er botanisch → *Trifolium pratense*

So sieht er aus → ein- bis zweijähriges, mit grünen Blättern überwinterndes, knöchel- bis kniehohes Kraut mit oft behaarten Stängeln; wechselständige, lang gestielte Laubblätter (typische „Kleeblätter") mit drei rundlichen Fiederblättern mit heller V-Zeichnung; schlanke, rosafarbene bis rötliche Schmetterlingsblütchen in kugeligen bis eiförmigen Köpfchen, Blütenstand gewöhnlich unmittelbar über den obersten Laubblättern; Blütezeit Mai bis Oktober

Hier wächst er → an sonnigen Stellen auf nährstoffreichem, kalkhaltigem Boden; Wiesen, Weiden, Feldraine, Waldränder, Gärten, Parks

Vorsicht: nicht verwechseln mit → dem Zickzack-Klee (*Trifolium medium*) mit länglichen Fiederblättchen; mit Zuchtformen des Rotklees, die zumeist hohle, stets unbehaarte Stängel haben, beide ebenso nutzbar

Vertrautes Kraut

Sojamilch, Lupinenmehl, Hummus aus Kichererbsen – alles angesagte Zutaten für die vollwertig vegetarisch-vegane Küche sowie für viele weitere Ernährungstrends wie Clean Eating oder Soft Health. Gewonnen aus Hülsenfrüchtlern, auch Schmetterlingsblütler genannt. Zu dieser wegen ihres herausragenden Eiweißgehaltes bedeutenden Pflanzenfamilie zählt auch der Rot- oder Wiesenklee. Rotklee ist heimisch. Soja, Lupine und Kichererbse stammen vielleicht aus hiesigem Anbau, ursprünglich aber aus fremden Ländern.

Alles in Maßen

Rotklee enthält wie viele andere Schmetterlingsblütler, vor allem auch Soja, sogenannte Phytoöstrogene. Die sollen zahlreiche positive Einflüsse haben, etwa den Hormonspiegel ausbalancieren, insbesondere Auswirkungen auf die nachlassende Östrogenproduktion im weiblichen Körper während der Wechseljahre mildern, also etwa Hitzewallungen dämpfen. Derzeit werden die Effekte von Phytoöstrogenen auf die Gesundheit durchaus kontrovers diskutiert.

- Maßvoll mit der Nahrung verzehrt spricht man ihnen viele positive Wirkungen zu, u. a. Schutz vor Herz-Kreislauf-Erkrankungen und Senkung des Herzinfarktrisikos.

- Ohne Bedenken kann man Rotklee in die Ernährung integrieren, solange man ihn bedacht verwendet. Eine Handvoll Blüten pro Tag gilt für gesunde Menschen als unbedenklich. Hoch dosiert können die Phytohormone jedoch unerwünschte Nebenwirkungen entfalten, umso mehr, wenn sie isoliert aus der Pflanze in Präparate gepackt werden.

- Rotklee enthält neben Phytoöstrogenen eine Fülle weiterer Vitalstoffe, die für eine gesunde Ernährung förderlich sind.

- Neben vielen Mineralstoffen sind es vor allem Proteine, die als leicht verdaulich und besonders wertvoll gelten.

Auch super!

Schnecken- oder Ewiger Klee (*Medicago sativa*), besser bekannt als Luzerne, gilt seit alters her im arabischen Raum als „Vater aller Nahrung“. Dort wird er gegen vielerlei Beschwerden eingesetzt, etwa gegen Verdauungsstörungen. Die violetten Blütenköpfchen werten allein schon optisch jedes Essen auf. Keimlinge, frisch aus den Samen gezogen, haben unter der Bezeichnung Alfalfa einen überaus guten Ruf. Neben den Vitaminen A, B, C, E und K enthalten die Sprossen große Mengen Mineralien (Calcium, Kalium, Magnesium Eisen, Zink und Phosphor) und essenzielle Aminosäuren.

Super ernten
- gerade eben erblühte Blütenköpfchen samt der obersten Blätter
- junge Blätter und Triebspitzen

Super gut
- Eiweiß
- Phytamine: Gerbstoffe, Cumarine, ätherische Öle, Phytohormone (Isoflavone, Stilbene)
- Vitamine: vor allem Vitamin C und B
- Mineralstoffe: Magnesium, Calcium, Kalium

Super genießen
- am besten frisch, getrocknet eher für Getränke (Tee)
- komplette Blütenköpfchen oder ausgezupfte Blüten
- für Salate, Gemüsegerichte, Backwaren, Getränke, Smoothies

Kleeblüten-Knusperwaffeln
mit Kleeblütensahne

Vegan, laktosefrei

Zutaten für vier Portionen:

- 2 Handvoll Kleeblüten
- 75 ml Mandelmilch
- 2 TL Agar-Agar-Pulver
- 5 TL Kartoffel- oder Maisstärke
- 2 EL Kleeblütensirup (alternativ Birnendicksaft oder Agavensirup)
- 1 Prise Salz
- 325 ml Kokosmilch
- Zucker nach Geschmack
- 500 g Mehl
- 150 g Rohzucker
- 2 EL Weinstein-Backpulver
- ½ TL Salz
- 3 EL Öl
- 500 ml Hafermilch
- 100 ml Mineralwasser mit Kohlensäure
- 2–3 EL Pflanzenfett

→ Kleeblüten nicht waschen, nur ausschütteln und die einzelnen Blüten aus den Köpfchen zupfen.

→ Für vegane Kleeblütensahne Mandelmilch, Agar-Agar, Stärke, Sirup, Salz und Kokosmilch kurz aufkochen, dann bei milder Hitze 5 Minuten köcheln lassen, mit dem Mixstab glatt pürieren. Mindestens 1 Stunde in den Kühlschrank stellen.

→ Ist die Masse fest geworden, mit dem elektrischen Handrührgerät wie Sahne aufschlagen. Nach Geschmack zuckern und die Hälfte der ausgezupften Kleeblüten unterziehen. Tipp: Um die Sahne leicht rosa zu färben, ein paar Tropfen Kirschsaft, Kirschsirup oder Rote-Bete-Saft untermischen.

→ Mehl, Rohzucker, Backpulver, Salz, Öl, Milch, Wasser inklusive restliche ausgezupfte Kleeblüten mischen. Mit einem Handrührgerät auf höchster Stufe etwa 2 Minuten lang durcharbeiten, bis ein glatter, leicht fließender Teig entsteht.

→ Das Waffeleisen mit Pflanzenfett ausfetten, den Teig portionsweise darin zu knusprigen Waffeln backen. Kleeblütensahne dazu reichen.

KLASSISCHE VARIANTE

Der Waffelteig entsteht aus 200 g weicher Butter, 150 g Puderzucker, 1 TL Vanillezucker, 1 Prise Salz, 3 Eiern, 175 g Mehl, 75 g Speisestärke, 1 Messerspitze Backpulver und 100 ml Mineralwasser. Schlagsahne steif schlagen, mit Kleeblüten und Zucker verfeinern.

Mein persönliches Highlight

Grow your own superfood

Rotkleesprossen selber ziehen: Rotkleesamen (speziell für die Sprossenanzucht, erhältlich im Fachhandel) keimen bei rund 20 °C innerhalb einer Woche. Schmecken fein aufs Brot und im Salat.

Schafgarbe

Achillea – Superkraut: Durch das schlichte Pflänzchen Schafgarbe wurde Achilles im Trojanischen Krieg zum Superhelden der Antike. Und heute? Wer immer wieder mal ein paar Blättchen Schafgarbe nascht, darf sich auf jeden Fall super fühlen.

Kleine Vorstellungsrunde

So heißt sie botanisch → *Achillea millefolium*

So sieht sie aus → straff aufrechtes, im oberen Bereich verzweigtes Kraut mit derben Stängeln; schmale, sehr filigran gefiederte Blätter; schirmförmige Scheindolden aus winzigen Korbblüten mit weißem, selten rosafarbenen Kranz und gelber, im Verblühen grauer Mitte; Blütezeit Mai bis Oktober

Hier wächst sie → an sonnigen Stellen auf eher trockenem Boden; auf Wiesen, Weiden, entlang von Wegen und Feldern, Gärten, Parks

Wichtig → Bei einer Überempfindlichkeit gegen Korbblütler darf Schafgarbe nicht verwendet werden

Vorsicht: nicht verwechseln mit → der ebenfalls essbaren Wilden Möhre (*Daucus carota*), die aber rau behaart ist; im nicht blühenden Zustand mit dem giftigen Rainfarn (*Tanacetum vulgare*), der jedoch gezähnte Seitenfiedern hat und sich im Geruch deutlich unterscheidet

Ein Kraut mit Geschichte

Nicht nur antike Helden, auch der große Naturforscher Alexander von Humboldt schwor auf eine alljährliche Frühjahrssuppe mit Schafgarbe, um sich aktiv und gesund zu halten. Frisch wie ein Fisch im Wasser fühle er sich danach. Immerhin wurde er knapp 90 Jahre alt. Ob es an der Schafgarbe gelegen hat? Die dient seit alters her als Mittel zur Entschlackung, Entgiftung und Regeneration.

Schafgarbe unterstützt nicht bloß die Gesundheit. Grazil im Aussehen, kann sie auch die Grazie fördern. Venusbraue – Schönheitskraut: Die Blätter der Schafgarbe erinnern an dichte, buschige

Augenbrauen, Schönheitsideal der Göttin der Anmut und Liebe. Und wahre Schönheit kommt bekanntlich von innen. Wer sich gesund ernährt, fühlt sich gut und strahlt das Wohlbefinden nach außen aus.

Kulinarische Höhenflüge

Die jungen, zarten Blättchen, die über viele Wochen immer wieder nachsprießen, wie auch die noch knospigen, weichen Blüten bieten eine spannende Kombination aus Düften und Geschmackskomponenten. Allein, wenn man an der Schafgarbe reibt, spürt man am unmittelbar aufsteigenden Geruch ihre Kraft. Der Gaumen darf dann in bitter-herb aromatischer Vielfalt schwelgen. Schafgarbe ist so würzig, dass man mit ihr glatt Pfeffer und Salz ersetzen kann.

- Ihr Aroma verdankt die Schafgarbe den ätherischen Ölen, die sich aus mehr als 100 Komponenten zusammensetzen.
- Ihre angenehme Herbe basiert auf den Bitterstoffen, die eine gute Verdauung und einen geregelten Fettstoffwechsel gewährleisten.
- Bitterstoffe sorgen zusammen mit den vielen Mineralstoffen für einen ausgeglichenen Säure-Basen-Haushalt, stärken das ausgeklügelte Puffersystem in unserem Körper.

Super ernten
- junge Blätter
- Knospen

Super gut
- Phytamine: ätherische Öle, Bitterstoffe, Gerbstoffe, Flavonoide
- Mineralstoffe: vor allem Kalium

Super genießen
- frisch oder getrocknet
- als würzende Zutat, fein gehackt
- zum Rohverzehr, aufs Brot, in Aufstrichen, Butter, Quark, in Salaten, für Smoothies
- gekocht, gedünstet oder gebraten zu Suppen, Kartoffeln, Gemüse- und Fleischgerichten, Eierspeisen

Auch super!

Die kleine Cousine der großen Schafgarbe, das Gänseblümchen (*Bellis perennis*), muss sich keineswegs in der Wiese verstecken. Immerhin ist es ebenso reich an Mineralstoffen, zusätzlich kommen viele Vitamine hinzu, vor allem Vitamin C. Wer eine milde, weiche Alternative zur Schafgarbe sucht, ist mit Blättern und Blüten vom Blümchen gut beraten.

Quetschkartoffeln vom Blech mit Schafgarben-Aioli

Vegan, laktosefrei

Zutaten für vier Portionen:

- 1–2 Handvoll Schafgarbenblättchen
- 500 g Kartoffeln (mehlig kochende Sorte)
- Salz
- 1–2 EL Olivenöl
- 1 Avocado
- 1–2 Knoblauchzehen
- Saft und abgeriebene Schale von ½ Bio-Zitrone
- 100 g Mayonnaise

→ Schafgarbenblättchen säubern und fein hacken.

→ Kartoffeln in der Schale gut gar kochen, pellen. Auf ein Backblech mit Backpapier oder Backmatte geben, die Kartoffeln mit einer Tasse oder einem Fleischklopfer zerdrücken, es soll dabei jeweils eine Kuhle entstehen.

→ Mit Salz und der Hälfte Schafgarbe bestreuen, mit Öl besprenkeln.

→ Im Ofen bei 200 °C etwa 20 Minuten backen, bis die Kartoffeln schön goldbraun sind.

→ Für die Schafgaben-Aioli Avocadofleisch mit fein gehacktem Knoblauch, Zitronensaft und -schale, Mayonnaise und der zweiten Hälfte der Schafgarbenblätter kräftig aufmixen, mit Salz abschmecken.

→ Aioli in die Kuhle der Kartoffeln geben und sofort servieren.

VARIANTE HIMMEL UND ERDE OHNE FLEISCH

Kartoffelpüree zubereiten, gedünstete Zwiebelringe und glasierte Apfelspalten dazu reichen. Als Krönung in Butter oder Pflanzenöl kross gebratene Schafgarbenblättchen obenauf legen.

Mein persönliches Highlight

Alkoholfreier Schafgarben-Aperitif
Schafgarbentee zubereiten, mit Pfirsichmark und Mineralwasser mischen, mit Zitrone und fein gehackter frischer Melisse abschmecken. Eisgekühlt servieren. Und wer's doch mit Schuss mag: Einfach Sekt statt Wasser nehmen.

Thymian

Thymian im Wettbewerb! Nicht nur einer, gleich drei Thymiane wollen den Titel Supertalent in Sachen **Aroma und Gesundheit**: vom Fels, vom Feld oder vom Sandboden. Schwierig zu unterscheiden, aber ganz einfach gleichartig zu nutzen, weil **unnachahmlich aromatisch**.

Kleine Vorstellungsrunde

So heißen sie botanisch → Frühblühender Thymian (*Thymus praecox*), Feld-Thymian (*Thymus pulegioides*) und Sand-Thymian (*Thymus serpyllum*)

So sehen sie aus → niederliegende, polstrig wachsende bis kriechende, knöchelhohe Halbsträucher mit scharf vierkantigen, beim Feld-Thymian nur an den Kanten behaarten, beim Frühblühenden und Sand-Thymian rundum behaarten Stängeln; gegenständige, elliptische bis eiförmige Blättchen, färben sich in der prallen Sonne oft rötlich; rosa bis purpurne Blütchen in kugel- bis walzenförmigen Blütenständen an den Triebenden; Blütezeit Juni bis September

Hier wachsen sie → an sonnigen Stellen auf trockenem, magerem, oft sandigem Boden, Sand-Thymian nie auf Kalk; Magerrasen, Zwergstrauchheiden, Wald- und Wiesenränder, Böschungen, Felsen, Steingärten

Vorsicht: nicht verwechseln mit → den vielen anderen nicht heimischen Thymian-Arten, die jedoch ebenso nutzbar sind; mit kleinblättrigen Ehrenpreis-Arten (*Veronica*), die beim Zerreiben jedoch nicht würzig duften

Mini im Wuchs, maxi im Duft

Vom Thymian oder Quendel gibt es weltweit mehr als 200 verschiedene Arten, zwergige Sträucher oder Halbsträucher mit kleinen Blättern. Allen gemeinsam ist, dass sie Hitze wie anhaltende Trockenheit aushalten. Um unter diesen Extremen zu überleben, bilden sie eine Fülle an ätherischen Ölen. Verbreitet sind sie vor allem im mediterranen Raum, aber es gibt auch heimische Thymian-Arten, den Frühblühenden, den Feld- und den Sand-Thymian.

Um es noch komplizierter zu machen: Von allen Arten kennt man mehrere Sippen, die Arten können sich untereinander kreuzen. Doch trotz des Verwirrspiels, vor das Thymiane die Botaniker stellen: Alle können in der Küche genutzt werden. Sie unterscheiden sich „nur" in Duft und Geschmack.

Die Herren der Düfte

Pfeffrig scharf und bitter-süßlich, Thymian entwickelt eine warme, harmonische Geschmacksnote, egal von welcher Art er ist. Spannend zu erleben, welche Nuancen sich im Thymian entfalten. Von rauchig-würzig bis blumig-zitronig, je nach Sträuchlein und Standort wird man die unterschiedlichsten Typen finden.

- Zum Superfood wird Thymian durch seine gesundheitsfördernden Kräfte, die er weitgehend seinem Reichtum an ätherischen Ölen verdankt. Thymian ist ein starker Gegner von Krankheitskeimen, gilt als pflanzliches Antibiotikum.

- Thymian fördert die Durchblutung, unterstützt das gesamte Verdauungssystem und wirkt sich positiv auf die Abwehrkräfte aus.

- Die Nase schmeckt mehr als der Gaumen: Geschmack kommt durch Geruch, Gerüche vermitteln Genuss, Genuss löst Wohlbehagen aus. Geruch wirkt auf subtile Weise tief und nachhaltig auf die Psyche.

Super ernten
- weiche, noch unverholzte Triebspitzen
- Blätter
- Blüten

Super gut
- Phytamine: ätherische Öle (vor allem Thymol), Flavonoide, Gerbstoffe
- Mineralstoffe: vor allem Calcium, Kalium, Eisen, Mangan

Super genießen
- frisch oder getrocknet, auch tiefgefroren
- als Würzkraut
- zu Kartoffeln, Hülsenfrüchten, Gemüsegerichten, Fisch, Fleisch, Käse, Saucen, Eintöpfen, Ragouts
- zu Obst, Kompott, Eis, Dessertcremes, Kakao

Auch super!

Ein Hauch von Mittelmeer hoch in den Alpen? Das kann nur der Steinquendel (*Acinos alpinus*) sein, auch Bergthymian genannt. Ähnelt dem Thymian in Wuchs und Blättern, trägt aber auffällig große rosa Blüten. Duftet nach Thymian und Minze, schmeckt nach Majoran und Bohnenkraut, stärkt Magen und Nerven.

Gröstl mit Thymian

Vegan, laktosefrei, glutenfrei

Zutaten für vier Portionen:

- 200 g breite Bohnen
- 400 g Pellkartoffeln vom Vortag
- etwas Pflanzenöl
- 1 Zwiebel
- 1 gelbe Paprikaschote
- etwas Gemüsebrühe
- 12 Kirschtomaten
- Salz
- Pfeffer
- 1 Handvoll wilder Thymian

→ Bohnen in Salzwasser bissfest garen, sofort eiskalt abschrecken und abtropfen lassen.

→ Kartoffeln in Scheiben schneiden und in einer großen Pfanne in heißem Öl knusprig braten.

→ Zwischenzeitlich Zwiebeln würfeln, zu den Kartoffeln geben und mitrösten.

→ Paprika putzen, in schmale Streifen oder Rauten schneiden. In eine eigene Pfanne geben, Gemüsebrühe dazugeben und bei milder Hitze einige Minuten garen, bis sie weich sind.

→ Tomaten halbieren. Bohnen in Stücke schneiden. Beides zu der Paprika geben und erhitzen.

→ Gemüse mit den Kartoffeln mischen. Mit Salz und Pfeffer würzen.

→ Blätter und Blüten vom Thymian zupfen und über das Gröstl streuen.

VARIANTE BOHNENPFANNE MIT THYMIAN

Grüne Bohnen, Wachsbohnen und Käferbohnen knapp vorgaren. Zwiebelwürfel dünsten, Aprikosenachtel und Bohnen sowie passierte Tomaten zufügen. Mit reichlich frischem Thymian würzen.

Mein persönliches Highlight

Quendelsüppchen

Eine gute Handvoll Thymianblättchen in Öl sanft andünsten, 100 g Dinkelschrot, 200 g fein gewürfeltes Suppengemüse dazugeben, kurz mitrösten. Mit 1 l Gemüsebrühe aufgießen, gar kochen. Mit Salz, Pfeffer und Muskat würzen.

Weißer Gänsefuß

Während Quinoa eine steile Karriere als Superfood hingelegt hat und Spinat als eines der gesündesten Gemüse der Welt gilt, fristet der **nah verwandte** Weiße Gänsefuß ein Dasein als schmachvolles Unkraut. Höchste Zeit, nach ihm zu **schmachten**!

Kleine Vorstellungsrunde

So heißt er botanisch → *Chenopodium album*

So sieht er aus → einjährige, knie- bis taillenhohe Pflanze mit gelb-grün gestreiften, oft rötlich überlaufenen, bogig bis aufrecht verzweigten Stängeln, ganze Pflanze mehlig überstäubt; wechselständige, graugrüne, dreieckige, rautenförmige bis lanzettliche, bisweilen gelappte Blätter mit gezähntem oder glattem Rand; grünliche, ungestielte, zwittrige Blüten zu Knäueln gedrängt in schlanken Rispen, Fruchtstände ähnlich; Blütezeit Juni bis September

Hier wächst er → an sonnigen bis halbschattigen Stellen auf nährstoffreichem Boden; an Wegrändern, Feldrainen, in Schuttfluren, Unkrautbeständen, Gärten

Vorsicht: nicht verwechseln mit → dem stark allergieauslösenden Beifußblättrigen Traubenkraut (*Ambrosia artemisiifolia*), die aber grasgrüne, stark eingeschnittene Blätter trägt, rauhaarig und niemals mehlig bestäubt ist; mit ungenießbaren Gänsefuß-Arten wie dem Stinkenden Gänsefuß (*Chenopodium vulvaria*), die aber unangenehm riechen; mit ähnlich nutzbaren Melden (*Atriplex*), die gegenständige Blätter und eingeschlechtige in auffälligen Hüllblättern verpackte Blüten haben

Vom Paleo-Food zum Superfood?

Nahezu überall auf dem Globus trifft man ihn an, den Weißen Gänsefuß. Im wenig rühmlichen Ranking der Top-Unkräuter reiht er sich unter die ersten fünf. So lästig er in Landwirtschaft und Gartenbau betrachtet wird, so vielfältig wird er in aller Welt genutzt – und das schon seit der Steinzeit. Als Pseudogetreide wie Quinoa (*Chenopodium quinoa*), als Kochgemüse wie Spinat, aus den Samen zu Sprossen gezogenes Gemüse. Im Geschmack erinnern alle Teile des Weißen Gänsefußes an Brokkoli und Kohlrabi mit einer fein säuerlichen Note. Und sie brauchen sich hinsichtlich Superfood nicht zu verstecken.

Viel drin, viel dran

Der Weiße Gänsefuß gibt sich im Aussehen sehr vielgestaltig und ist schwierig zu bestimmen. Aber er ist weitaus die häufigste Art der Gattung hierzulande. Das erhöht die Wahrscheinlichkeit, dass man den richtigen Gänsefuß vor sich hat. Ein einfacher Geruchstest hilft, ungenießbare Doppelgänger zu unterscheiden: Grasig-würzig-krautig und alles ist gut, unangenehm nach altem Fisch heißt stehen lassen.

- Wie in Quinoa stecken auch im Weißen Gänsefuß viele essenzielle Aminosäuren wie Tryptophan, Tyrosin und Phenylalanin, ohne die der Körper nicht auskommt und die stets über die Nahrung aufgenommen werden müssen.
- Wie in Weizenkeimen oder Kürbiskernen gibt es im Weißen Gänsefuß Phytosterine, die den Cholesterinspiegel im Blut positiv beeinflussen.
- Wie Quinoa enthält Gänsefußsamen Saponine, die den Cholesterinspiegel senken und das Immunsystem unterstützen sollen. In großen Mengen jedoch können Saponine abführend wirken und schädlich werden. Deshalb gibt es Quinoakorn nur geschält, beim Gänsefuß weicht man den Samen ein und spült ihn mehrfach mit Wasser.

Auch super!

Guter Heinrich (*Chenopodium bonus-henricus*), auch Wilder Spinat genannt, ist wie der Weiße Gänsefuß ein uraltes Nutzkraut mit sehr ähnlichen Werten. Stetig und überall verfügbar kam er häufig zu Spinat gekocht auf den Tisch. Heute muss man länger suchen, um ihn zu finden. Das Wildgemüse ist infolge Verstädterung und Dorfsanierung selten geworden.

Super ernten
- junge Triebe und junge Blätter
- Blütenrispen
- Früchte

Super gut
- Eiweiß: Tryptophan, Tyrosin, Phenylalanin
- Phytamine: Saponine, Phytosterine, Betain
- Vitamine: vor allem Vitamin C (rund 140 mg pro 100 g Frischgewicht), in den Samen Vitamin B_3 (Niacin)
- Mineralstoffe: Kalium, Eisen, Zink, Phosphor

Super genießen
- frisch, vorwiegend blanchiert, gedünstet oder gekocht
- Samen auch getrocknet und gemahlen
- Triebe als Spargelgemüse, Blätter und Blüten als Spinatgemüse, Samen als Pseudogetreide
- als Gemüse, für Suppen, Eierspeisen, Bratlinge, Füllungen, Brotzutat, für Grütze

Sommergemüse-Salat
mit Gänsefuß und Smoothie-Dressing

Vegan, laktosefrei, glutenfrei

Zutaten für vier Portionen:

- 400 g Karotten
- 200 g Erbsen und / oder Zuckerschoten
- 1 Kohlrabi
- 1–2 Brokkoli
- 3 kleine Zucchini
- 2 EL Apfelessig
- 2 TL scharfer Senf
- Salz
- Pfeffer
- 2 EL hochwertiges Pflanzenöl nach Wahl
- 2 Handvoll Weißer Gänsefuß (Blüten, Früchte, junge Blätter)

→ Gemüse gründlich waschen, dann putzen und in Würfel, Stifte oder Scheiben schneiden. Die noch nutzbaren Putzreste, wie Karotten- und Kohlrabischalen, den Brokkolistrunk, Kohlrabi- und Karottenblätter, aufheben.

→ Gemüse in Salzwasser oder im Dampf bissfest garen. In einer großen Schüssel mischen.

→ Für das Smoothie-Dressing die Reste vom Gemüseputzen mit Essig, scharfem Senf, Salz, Pfeffer und Öl zu einem dickflüssigen Smoothie aufmixen. Gemüse damit marinieren.

→ Blätter vom Weißen Gänsefuß in feine Streifen schneiden, Blüten und Früchte von den Stängeln rebeln und über den Salat streuen. Alles gründlich mischen und eine Zeitlang durchziehen lassen.

WEITERE VARIANTEN

Gehaltvoller wird der Salat, wenn man gebratene Kartoffeln, vorgegarten Reis, Nudeln oder knusprig geröstete Brotwürfel dazugibt. Wer es würziger mag, mischt noch Zwiebeln in den Salat, wer es fruchtig bevorzugt, nimmt Apfelspalten. Das Smoothie-Dressing lässt sich mit Wildkräutern, Spinat oder Mangold noch aufwerten.

Mein persönliches Highlight

Pilz-Omelette mit Gänsefuß

2 Eier mit 2 EL Milch oder Sahne verquirlen. Zwiebelwürfel und klein geschnittene Pilze in wenig Öl anbraten, Eiersahne und eine kleine Handvoll fein geschnittenen Gänsefuß (Blätter, Blüten, junge Triebe) dazugeben. Zugedeckt bei milder Hitze stocken lassen.

Dost

Dost oder Wilder Majoran ist besser bekannt als Oregano oder Pizzakraut. Weil er vielen italienischen Gerichten ein typisches Aroma verleiht, wird er allgemein für ein mediterranes Würzkraut gehalten, ist aber in Mitteleuropa schon seit langem eingebürgert.

Kleine Vorstellungsrunde

So heißt er botanisch → *Origanum vulgare*

So sieht er aus → ausdauernde, buschige, bis hüfthohe Pflanze mit gabelig verzweigten, drahtigen Stängeln; gegenständige, eiförmige, spitz zulaufende, etwa daumennagelgroße Blätter, oft fein behaart und unterseits punktiert; rosafarbene bis weiße Blütchen mit dunkelrosa bis purpurnen Kelchen in dicht gedrängten, rispenartigen Blütenständen an Stängelenden sowie Seitenzweigen; Blütezeit Juli bis September

Hier wächst er → sonnige, warme Stellen auf trockenem, kalkhaltigem Boden; in Magerwiesen, an Böschungen, Hecken, Waldrändern, in Gärten

Vorsicht: nicht verwechseln mit → dem Wirbeldost (*Clinopodium vulgare*) außerhalb der Blütezeit, dessen Blätter unterseits nicht punktiert sind und beim Zerreiben kaum duften; mit dem Wasserdost (*Eupatorium cannabinum*), der aber viel größer und üppiger wird, handförmig gefiederte und am Rand gezähnte Blätter trägt, nur an feuchten Stellen wächst und wegen seines Gehalts an Pyrrolizidinalkaloiden (leberschädigend, krebserregend) kritisch eingestuft wird

Mit Wohlgemut wird dem Gemüt wohl

Seit der Antike als Heilpflanze dokumentiert, im Mittelalter als dämonenabwehrende Zauberpflanze geschätzt, heute nach wie vor als Würzkraut bekannt – der Dost bringt Freude. Sein wissenschaftlicher Name *Origanum*, so die Annahme, geht auf das griechische Wort für freuen zurück. Im Deutschen wird der Dost auch Wohlgemut genannt, weil er angenehm duftet, würzig schmeckt und heilsam wirkt. Insbesondere soll er Kummer und Sorgen vertreiben, den Menschen fröhlich machen.

Anti-Stress-Kraut

Dost gilt vor allem aufgrund seines hohen Gehalts an Rosmarinsäure als sogenanntes Top-ORAC-Kraut, als Super-Antioxidans. ORAC steht für Oxygen Radical Absorption Capacity, also für die Fähigkeit, freie Radikale im Körper abzufangen, damit vorzeitiges Altern zu verhindern und die Risiken für Krebs- und Herz-Kreislauf-Erkrankungen zu mindern. Freie Radikale können Zellstrukturen zerstören, lebenswichtige Enzyme außer Gefecht setzen, das Erbgut schädigen. Je höher also der ORAC-Wert, desto gesundheitsförderlicher soll ein Lebensmittel sein. Aber man darf Dost nicht auf reine Laborwerte reduzieren.

- Dost gehört zu den natürlichen Antibiotika und dämmt Entzündungen ein. In der aktuellen Forschung untersucht man, inwiefern sich mit Dost multiresistente Keime bekämpfen lassen.
- Wirkt nicht nur gegen Bakterien, sondern ebenfalls gegen Viren und Pilze.
- Er kurbelt mit herb-aromatischem Aroma und leicht pfeffrigem Geschmack das Verdauungssystem an.
- Dost regt nicht zuletzt wegen seiner Bitterstoffanteile Leber und Bauchspeicheldrüse an, schmeckt dank ätherischer Öle trotzdem sehr angenehm.

Auch super!

Die stark antioxidative Rosmarinsäure sowie viele antibiotisch wirksame ätherische Öle enthalten zahlreiche botanische Verwandte des Dosts, so etwa Minzen (*Mentha*). Grüne Minze (*Mentha spicata*), auch Ährige oder Krause Minze genannt, findet sich nicht ohne Grund in Zahnpasta, Kaugummi oder coolen Drinks wie Hugo und Mojito. Ihr wird nachgesagt, dass sie das Herz beflügelt – und es ist erwiesen, dass sie die Verdauung fördert und die Nerven stärkt.

Super ernten
- Blätter
- Blüten
- knospige und blühende Triebspitzen

Super gut
- ätherische Öle, vor allem Carvacrol, Thymol, Caryophyllen
- Phytamine: Flavonoide, Gerbstoffe (vor allem Rosmarinsäure)
- Vitamine: Vitamin C (über 250 mg pro 100 g Frischgewicht), A, E
- Mineralstoffe: Kalium, Calcium, Eisen

Super genießen
- bevorzugt frisch, auch getrocknet
- roh als Gewürz für Salate, Butter, Quark, Smoothies
- als Gewürz für Gemüse, Eierspeisen, Suppen, Saucen, Eintöpfe, Bratlinge, Nudelgerichte, Pizza, Backwaren
- getrocknet für Würzöl und -essig

Knäckebrot mit Dost

Vegan, laktosefrei

Zutaten für zwei Bleche:

- 1–2 Handvoll Dost (Blätter und Blüten)
- 200 g gemischte Sämereien und Kerne nach Wahl (z. B. Leinsamen, Kürbiskerne, Sonnenblumenkerne, gehackte Nüsse)
- 6 gehäufte EL Haferflocken
- 150 g Weizen- oder Dinkelmehl
- 1 TL Salz
- 1 TL Weinstein-Backpulver
- 100 ml Pflanzenöl

→ Dost fein hacken.

→ Kerne und Nüsse grob hacken oder mahlen.

→ Alle Zutaten mit 200 ml Wasser gründlich mischen. Der Teig darf nicht zu nass und nicht zu krümelig sein. Bei Bedarf noch etwas Mehl bzw. Wasser zufügen.

→ Teigmenge halbieren, zwischen zwei Backpapieren mit einem Nudelholz sehr dünn auf Blechgröße ausrollen. Jeweils auf ein mit Backpapier ausgelegtes Blech geben.

→ Im vorgeheizten Ofen bei 190 °C etwa 15 Minuten backen.

→ Noch heiß in Stücke schneiden (oder Bruchstellen eindrücken, erkaltet lässt sich das Brot gut brechen).

ZWEI VARIANTEN: MIT KÄSE ODER GLUTENFREI

Besonders herzhaft schmeckt das Knäckebrot, wenn man zusätzlich 50 g geriebenen Hartkäse (laktosefrei) untermischt.
Glutenfrei wird das Knäckebrot, wenn statt des Weizen- bzw. Dinkelmehls 100 g Buchweizenmehl oder Kartoffelstärke untergemischt werden. Zur Bindung dienen 50 g Leinsamen, sorgsam fein gestoßen und in Wasser gut gequollen.

Mein persönliches Highlight

Raw Food – Gemüsenudeln mit Dostpesto

Zucchini mit einem Spiralschneider zu Spaghetti formen oder Gelbe Rüben der Länge nach mit einem Sparschäler zu dünnen Bandnudeln. Getrocknete, in Öl eingelegte Tomaten mit Knoblauch und Dost zu einem Pesto mixen.

Wegwarte

Die blauen Blüten **strahlen** wie muntere Augen am staubigen Straßenrand, die bitter schmeckenden Wurzeln wurden als **Kaffeesurrogat** berühmt, die üppig treibenden Blätter ähneln fatal dem Löwenzahn: Wegwarten haben viele Talente zum Superfood.

Kleine Vorstellungsrunde

So heißt sie botanisch → *Cichorium intybus*

So sieht sie aus → ausdauernde, sparrig verzweigte, knie- bis taillenhohe Pflanze mit kräftiger Pfahlwurzel; grundständige und untere Stängelblätter tief eingeschnitten, zur Blütezeit verschwunden, obere Stängelblätter linealisch fiederspaltig bis ungeteilt, alle Blätter stets auf der Unterseite borstig behaart; himmelblaue, selten weiße Blütenköpfchen aus Zungenblüten, die nur vormittags geöffnet sind; Blütezeit Juni bis Oktober

Hier wächst sie → an sonnigen Stellen mit trockenem, magerem Boden; Weiden, Äcker, Ödland, Schutt- und Unkrautflächen, entlang von Wegen und Straßen

Vorsicht: nicht verwechseln mit → Löwenzahn (*Taraxacum officinale*) im Frühjahr und Herbst außerhalb der Blütezeit

Wunderwuzzi Wegwarte

Tausendsassa oder Siebesiech, Hansdampf in allen Gassen oder schlicht unschlagbar: Als Pionierpflanze besiedelt sie Brachflächen, als trockenheitsresistente Pflanze macht sie selbst in Jahrhundertsommern nicht schlapp, als salzerduldende Pflanze trotzt sie den widrigen Bedingungen am Straßenrand. Die Wilde Endivie stellt die Urform von Chicorée, Radicchio und Zuckerhut dar, allesamt geschätzte Salatlieferanten mit einer gewissen Bitternote. In vielen koffeinfreien Landkaffees, ironisch als Muckefuck oder Blümchenkaffee bezeichnet, liefern ihre rübenartigen Wurzeln einen wesentlichen Genussanteil, Zichorienkaffee besteht im Wesentlichen nur daraus.

Wunderwaffe Inulin

In den Blättern sind es Bitterstoffe, verdauungsförderliche, leberschützende und galletreibende Substanzen, welche der Wegwarte den Status als Superfood zuweisen. Wer seinen Salat oder ein Gemüsegericht mit zarten jungen Wegwartenblättern anreichert, packt gleich auch natürliche Fatburner mit hinein – Bitterstoffe regulieren den Appetit und die Fettverdauung.

- Was Wegwarten hochinteressant als Superfood macht, sind besondere Speicherstoffe in den wenig bitteren, eher süßlichen Wurzeln: Fruktane und Inulin, das sind Fruktooligosaccharide (FOS), kurze Ketten aus Fruktose (Fruchtzucker). FOS liefern kaum Kalorien, sind unverdaulich und gelten daher als Ballaststoffe.
- Durch gute Quellwirkung erzeugen FOS ein schnelleres und länger anhaltendes Sättigungsgefühl, es entstehen keine starken Schwankungen beim Blutzuckerspiegel.
- FOS erhöhen die Stuhlmenge und fördern so den Stuhlgang.
- Als Präbiotika liefern FOS den guten Darmbakterien Futter, aktivieren die Darmflora und damit auch das Immunsystem.
- FOS helfen dem Körper, Mineralstoffe besser aufzunehmen, insbesondere Calcium und Magnesium, beugen so wahrscheinlich Osteoporose vor.

Auch super!

In der japanischen Küche schätzt man die Wurzel einer Verwandten der Wegwarte: die der Großen Klette (*Arctium lappa*). Gobo, so heißt die Wurzel auf Japanisch, wird ähnlich wie Schwarzwurzeln als Winterspargel gezogen, häufig als kurzgebratenes Pfannengemüse zubereitet und mit viel Appetit gegessen. Dicke Rübenwurzeln von wild wachsenden Kletten, geerntet nur von Pflanzen, die noch nicht geblüht haben, sind durchaus eine Kostprobe wert.

Super ernten

- junge Rosettenblätter im Frühling und im Herbst
- Blüten am Vormittag
- Wurzeln im Herbst und Winter

Super gut

- Kohlenhydrate (Fruktane und Inulin in der Wurzel, Fructose)
- Eiweiß
- Phytamine: Bitterstoffe, Flavonoide, Cumarine
- Vitamine: Vitamin A, B, C, E
- Mineralstoffe: Kalium, Calcium, Magnesium, Phosphor, Eisen

Super genießen

- roh, gekocht, gedünstet, geröstet
- rohe Blätter und Blüten für Salate, Quark, Suppen, Rohkost, Saft, Smoothies
- gekochte Blätter für Mischgemüse, Kartoffelgerichte, Eierspeisen, Bratlinge
- gekochte, gebratene Wurzeln in Gemüsepfannen, geröstet als Kaffeeersatz

Wegwarten-Risotto

Vegetarisch, laktosefrei

Zutaten für vier Portionen:

- 1 Zwiebel
- 2 EL Olivenöl
- 280 g Risotto-Reis
- 100 ml Weißwein
- 1 l heiße Gemüse- oder Kräuterbrühe
- 1 kleiner Kopf Radicchio
- 2 Handvoll Wegwartenblätter
- Salz
- Pfeffer
- Saft und abgeriebene Schale einer Zitrone
- 40 g Margarine
- 1 kleine Handvoll Kräuter (z. B. Schafgarbe, Wiesenlabkraut, Spitzwegerich – alternativ Petersilie)
- 80 g geriebener Parmesan
- Wegwartenblüten

→ Zwiebel hacken und in 1 EL Olivenöl andünsten.

→ Reis zugeben, kurz anschwitzen, mit Weißwein ablöschen, etwas Brühe dazugießen und unter Rühren einkochen. Brühe portionsweise aufgießen und unter Rühren vom Reis aufsaugen lassen, bis dieser bissfest ist.

→ Zwischenzeitlich Radicchio und Wegwartenblätter in feine Streifen schneiden, im restlichen Öl kurz andünsten, mit Salz und Pfeffer sowie Zitronensaft abschmecken.

→ Margarine mit abgeriebener Zitronenschale vermengen und kalt stellen.

→ Kräuter fein hacken und zusammen mit Radicchio und Wegwartenblättern unter das Risotto mischen, Parmesan dazugeben.

→ Mit der Zitronenmargarine mischen. Mit ausgezupften Wegwartenblüten garnieren.

VEGANE VARIANTE

Ein Risotto aus Dinkel oder einer Mischung aus Hafer, Gerste, Dinkel, Roggen, Buchweizen und Linsen mit Wein und Gemüsebrühe zubereiten, nach Wunsch noch Gemüsewürfel aus Karotte, Sellerie und Pastinaken zufügen. Wegwartenwurzeln putzen, nach Bedarf schälen, in dünne Scheiben schneiden und in wenig Pflanzenöl bei milder Hitze garen. Unters Risotto heben oder obenauf streuen.

Mein persönliches Highlight

Bitteres hebt die Laune, vor allem wenn es bunt angerichtet wird. Chicorée, Radicchio, Endivien und Wegwartenblätter in schmale Streifen schneiden, mit gedünsteten Wegwartenwurzeln und Apfelspalten mischen. Gehackte Nüsse und ein Dressing aus Apfelsaft, Apfelessig und Walnussöl darüber – salad super food!

Heidelbeere

Früher zogen die Familien jeden Sommer hinaus zur Heidelbeerernte. Dabei wanderten die guten Beeren ins Töpfchen und viele sofort in den Mund. Sie färben nicht nur Lippen und Zunge schön blau, sondern gelten als Top-Lieferanten für Antioxidantien.

Kleine Vorstellungsrunde

So heißt sie botanisch → *Vaccinium myrtillus*

So sieht sie aus → knöchel- bis kniehoher, reich verzweigter, laubabwerfender Zwergstrauch mit grünen, kantigen Rutentrieben; eiförmige, etwa fingernagelgroße, beidseits grasgrüne Blätter, am Rand fein gesägt und mit roter Herbstfärbung; nickende, krugförmige, grünlich weiße bis rosafarbene Blüten; Blütezeit Mai; erbsengroße, abgeplattet runde, schwarzblaue, leicht bereifte Beerenfrüchte mit stark färbendem Fruchtfleisch

Hier wächst sie → an halbschattigen Stellen auf saurem, nährstoffarmem, frischem Humusboden; Laub- und Nadelwälder (vor allem Kiefernwälder), Heideflächen, Moore

Vorsicht: nicht verwechseln mit → der wenig schmackhaften Rauschbeere (*Vaccinium uliginosum*), deren Früchte aber helles, nicht färbendes Fruchtfleisch haben

Aus dem Wald

Wer gerät nicht sofort ins Schwärmen, wenn er an Heidelbeeren denkt, die je nach Region auch Blau-, Schwarz-, Bick-, Wald- oder Moosbeeren genannt werden. Ganz schön grandios, die kleinen Wunderkugeln: angenehm süßlich, mit einem Hauch Säure. Markenzeichen der echten Heidelbeeren aus dem Wald ist ihr stark färbender Saft. Das liegt am Fruchtfleisch, das besonders reich an Farbstoffen ist – im Gegensatz zu den weit verbreiteten Kulturheidelbeeren (*Vaccinium corymbosum*). Letztere tragen an bis mannshohen Sträuchern größere, innen farblose Früchte. Allerdings können sie in puncto Superfood mit den heimischen Heidelbeeren nicht mithalten.

Kleine blaue Wunder

Genau die färbenden Inhaltsstoffe, die rotblauen bis blauschwarzen Anthocyane sind es, die den heimischen Heidelbeeren ihren Rang als Superfood garantieren. Diese Stoffe können freie Radikale unschädlich machen. Damit unterstützen sie das Immunsystem, schützen das Erbgut und bewahren Zellstrukturen vor Schäden und Alterung.

- Heidelbeeren können aufgrund ihres besonderen Reichtums an Anthocyanen Herz-Kreislauf-Erkrankungen vorbeugen und das Herzinfarktrisiko senken.
- Anthocyane regen die Produktion von speziellen Enzymen an, die am Energiestoffwechsel der Netzhaut beteiligt sind. Dadurch wird die Fähigkeit der Augen, sich an wechselnde Helligkeit anzupassen, erheblich gesteigert.
- Chrom, in Heidelbeeren in besonders hoher Menge vorhanden, ist ein wichtiges Element zur Regulierung des Fett- und Zuckerstoffwechsels.
- Frische Heidelbeeren regen mittels der Pektine die Verdauung an, getrocknete dagegen stoppen dank der Gerbstoffe Durchfall.
- Und nicht zuletzt konnte bei Studien festgestellt werden, dass regelmäßiger Genuss von Heidelbeeren die Gedächtnisleistung steigert, vor allem bei älteren Menschen. Anthocyane scheinen die Neubildung von Nervenzellen im Gehirn zu aktivieren.

Auch super!

Nicht selten in enger Nachbarschaft zur Heidelbeere zu finden: die Preiselbeere (*Vaccinium vitis-idaea*) ganz in Rot. Die vitamin- und mineralstoffreichen, herb-säuerlichen Früchte sind nicht bloß kulinarische Überflieger, sondern auch gesundheitsfördernde Perlen. Seit alters her halten sie den Körper in der Balance, bewahren vor Blasenleiden und schützen vor Rheuma.

Super ernten

- reife, gut dunkelblau ausgefärbte Beeren ab Ende Juli / August

Super gut

- Pektine
- Phytamine: Anthocyane, Gerbstoffe, Fruchtsäuren
- Vitamine: Vitamin C, Provitamin A, Vitamin-B-Komplex
- Mineralstoffe: Chrom (10 µg pro 100 g Frischgewicht), Kalium, Calcium, Eisen, Zink, Kupfer, Mangan, Natrium, Phosphor

Super genießen

- frisch, zum Sofortverzehr, in Milch, Joghurt, Pudding, Eis
- eingekocht, als Kompott, Konfitüre, Mus
- getrocknet in Gebäck, Kuchen, Mehlspeisen
- für Saft, Wein, Likör, Essig

Heidelbeertarteletts mit Buttermilcheis

Vegetarisch

Zutaten für vier Portionen:

TARTELETT-BÖDEN:
- 150 g Mehl
- 50 g sehr fein gemahlene Mandeln
- 2 TL Backpulver
- 100 g Zucker
- 1 Prise Salz
- 1 Ei
- 100 g Butter
- Semmelbrösel

CREME:
- 2 Eigelb
- 1 Vanillestange
- 2 EL Zucker
- 2 gehäufte EL Speisestärke
- 400 ml Vollmilch
- 50 g weiße Kuvertüre

BELAG:
- 400 g Heidelbeeren
- Puderzucker

→ Für die Böden aus Mehl, Mandeln, Backpulver, Zucker, Salz, Ei und kalter Butter, die in kleine Flocken geschnitten wurde, einen Mürbteig herstellen. In Frischhaltefolie wickeln und für 2 Stunden kalt stellen.

→ Für die Creme Eigelbe mit dem Mark der Vanille, Zucker und Speisestärke mit 100 ml Milch sehr gründlich verrühren.

→ Restliche Milch mit der ausgekratzten Vanillestange aufkochen. Kuvertüre hacken und im Wasserbad schmelzen. Milch vom Herd ziehen, Vanillestange herausnehmen und die Eigelb-Mischung langsam unter ständigem Rühren mit einem Schneebesen unterziehen. Einige Minuten weiter rühren, bis die Masse andickt. Geschmolzene Kuvertüre untermischen. Auskühlen lassen, immer wieder mal umrühren, damit sich keine Haut bildet.

→ Mürbteig auf einer mit Mehl bestäubten Arbeitsfläche ausrollen. Vier Tartelettformen ausfetten und mit Bröseln bestreuen, je ein Viertel des Teigs hineingeben, Ränder gut andrücken. Mit einer Gabel die Böden mehrmals einstechen. Bei 170 °C Umluft (vorgeheizt) 15–20 Minuten goldgelb backen.

→ Tarteletts auf einem Gitter auskühlen lassen. Füllmasse nochmals kräftig durchrühren, auf den Böden verteilen und glatt streichen.

→ Heidelbeeren, gewaschen und gut abgetropft, darauf verteilen, mit Puderzucker bestäuben.

→ Perfekt dazu: ein Buttermilcheis.

GLUTEN- UND LAKTOSEFREIE VARIANTE

Für die Tartelettböden 100 g Haferflocken, 100 g Mandeln und 100 g Zucker sehr fein mahlen, mit 100 g flüssiger Pflanzenmargarine verkneten, in die Formen streichen und kühl stellen. Für die Creme laktosefreie Milch verwenden.

Mein persönliches Highlight

Schmecken nach Sommer und nach Kindheit: Heidelbeer-Blinis

1 Würfel frische Hefe, 2 EL Zucker und 250 ml Milch mischen, 15 Minuten quellen lassen. 200 g Buchweizenmehl und 2 Eier unterziehen, nochmals 30 Minuten gehen lassen. 300 g Blaubeeren unterziehen. In heißem Öl zu kleinen Küchlein ausbacken.

Sanddorn

Diese **Farbe** ist herrlich, allein beim Anblick der knallig orangefarbenen Früchte steigt die Stimmung. Und erst der Geschmack, supersauer macht erst richtig lustig. Es sind **super Vitaminbömbchen**, die an den dornigen Zweigen des Sanddorns leuchten.

Kleine Vorstellungsrunde

So heißt er botanisch → *Hippophaë rhamnoides*

So sieht er aus → bis 6 m hoher, reichverzweigter, sommergrüner Strauch mit kräftigen Dornen und bronzefarbener bis silbergrauer Rinde; schmal-längliche, wechselständige Blätter, unterseits stets weiß-filzig; Blüten gelb bis bräunlich und unscheinbar, an vorjährigen Trieben, weibliche und männliche Blüten an getrennten Exemplaren (zweihäusig); Blütezeit März bis Mai; an den weiblichen Sträuchern etwa erbsengroße, gelb- bis dunkel orangefarbene Früchte

Hier wächst er → sonnige Stellen auf trockenem, steinigem, sandigem Boden; an den Küsten, entlang von Flüssen und Bächen, auf Schotterflächen, in Kiesgruben, in Gärten und Parks

Vorsicht: nicht verwechseln mit → dem immergrünen Feuerdorn (*Pyracantha*), dessen Früchte bei genauerem Hinsehen sich als kleine Apfelfrüchte entpuppen

Über-Lebenskünstler

Auf Sand und Kies mit starkem Wurzelwerk verankert, praller Sonne und zerrendem Wind trotzend, an extrem karge Standorte angepasst – der Sanddorn weiß sich zu behaupten. Und er kennt keine Existenzängste, sondern bildet munter zahllose Früchte. Die Beeren, die eigentlich Schein-Steinfrüchte sind, verbergen unter einer fein getüpfelten, ledrigen Haut saftreiches, breiiges Fleisch, mit je einem braunen Stein darin. Leider zerplatzen die Früchte sehr leicht und verderben rasch, deshalb muss Sanddorn mit Kunstgriffen geerntet und sogleich verarbeitet werden.

Die Zitrone des Nordens

Weil Sanddorn extrem sauer schmeckt und überaus reich an Vitamin C ist, wird er gerne als Zitronenersatz bezeichnet und verwendet. Zitronen übertrifft der Sanddorn bei Weitem, bis zu zehnmal mehr kann er an Vitamin C bieten. Doch im Sanddorn steckt weit mehr.

- Anders als man es sonst von Gemüse und Obst kennt, geht beim Sanddorn nur wenig Vitamin C verloren. In den Früchten steckt von Grund auf so viel an diesem Vitamin, dass nach sanftem Köcheln immer noch reichlich übrig bleibt. Zudem fehlen Enzyme, die Ascorbinsäure abbauen, was bei den meisten Pflanzen während der Lagerung zu einer raschen Abnahme an Vitamin C führt.

- Im Fruchtfleisch stecken fette Öle, die sonst nur in tierischen Fetten enthaltene, für Pflanzen außergewöhnliche Fettsäuren wie Palmitoleinsäure enthalten. Diese gehört zu den Omega-7-Fettsäuren, sorgt für eine bessere Wirksamkeit von Insulin und hemmt die Fetteinlagerung in die Leber.

- Sanddornfrüchte heben sich aus pflanzlichen Nahrungsmitteln hervor, weil in den Samenschalen symbiontische Mikroorganismen das auch für den Sanddorn lebenswichtige Vitamin B_{12} erzeugen. Für den Menschen ist Vitamin B_{12} unerlässlich vor allem für Zellteilung, Blutbildung und Nerven, wichtige Quellen sind Fleisch (Innereien), Eier und Milchprodukte. Das macht Sanddorn für Veganer und Rohköstler interessant – allerdings ist nicht gesichert, ob diese Pflanze tatsächlich einen guten Spender für das essenzielle Vitamin darstellt.

Auch super!

Mit Sanddorn nahe verwandt, dem Sanddorn ähnlich, wie Sanddorn ursprünglich in Zentralasien heimisch, anders als Sanddorn bei uns noch wenig verbreitet sind verschiedene Arten der Ölweide (*Elaeagnus*). Die braunen bis roten Früchte, auch russische Oliven genannt, bestehen aus bis zu 50 % Eiweiß, dazu enthalten sie viel Phosphor und Kalium sowie fette Öle und Vitamin C.

Super ernten

- vollreife Früchte abschneiden
- Früchte direkt in ein Gefäß ausquetschen

Super gut

- Fette Öle (mit vielen mehrfach ungesättigten Fettsäuren)
- Phytamine: ätherische Öle, Flavonoide, Carotinoide (β-Carotin, Lycopin), Gerbstoffe, Fruchtsäuren
- Vitamine: besonders reich an Vitamin C (200–800 mg pro 100 g Frischgewicht), B_{12}, E
- Mineralstoffe: Kalium, Calcium, Magnesium, Eisen, Kupfer

Super genießen

- roh gepresst, entsaftet oder gekocht und passiert für Getränke, Saucen, Desserts, Quark, Joghurt, Smoothies
- eingekocht für Gelee, Konfitüre, Eis, Cremes, Kuchen
- getrocknet als Trockenobst / Tee

Joghurtmousse
mit Sanddorn-Apfelkompott

Vegetarisch, glutenfrei

Zutaten für vier Portionen:

MOUSSE:
- 4 Blatt Gelatine
- 500 g griechischer Joghurt natur
- 2 TL Vanillezucker
- 40 g Puderzucker
- Saft und abgeriebene Schale einer Bio-Orange
- 2 EL Sanddornsaft
- 2 EL Weinbrand
- 100 g Schlagsahne

KOMPOTT:
- 800 g süßliche Äpfel
- 200 g Sanddornbeeren (ersatzweise Sanddornsaft)
- 1 Zimtstange
- 3 Kapseln Kardamom
- Honig nach Geschmack

⟶ Gelatine in kaltem Wasser einweichen.

⟶ Joghurt, Vanillezucker und Puderzucker mischen, Orangensaft und -schale sowie Sanddornsaft zugeben.

⟶ Gelatine ausdrücken, im Weinbrand erwärmen (nicht kochen), bis sie gelöst ist. 3–4 EL Joghurtmasse unter die Gelatine rühren, dann diese Mischung unter den restlichen Joghurt ziehen.

⟶ Sahne steif schlagen und unterheben. Mousse in kleine Förmchen oder in eine große Schale füllen. Kalt stellen, mindestens 4–5 Stunden, besser über Nacht.

⟶ Äpfel entkernen, grob zerkleinern, zusammen mit den Sanddornbeeren und den Gewürzen aufsetzen, 50 ml Wasser zufügen, bei sanfter Hitze weich garen.

⟶ Gewürze herausnehmen. Durch ein Sieb streichen oder mit Hilfe einer Flotten Lotte passieren, eventuell durch Köcheln noch etwas eindicken. Nach Wunsch mit Honig süßen und zur Joghurtmousse reichen.

LAKTOSEFREIE VARIANTE

Sanddornbeeren mit Orangensaft weich köcheln, passieren. Aufgefangenen Saft mit Apfelpektin gelieren. Das Gelee unter laktosefreien Joghurt rühren, eventuell mit gedünsteten Apfelstückchen anreichern.

Mein persönliches Highlight

Karottensüppchen mit Sanddorn ruckzuck
Zwiebelwürfel anschwitzen, mit Karottensaft aufgießen, kräftig mit Curry würzen. Mit fein geriebener Kartoffel binden. Sanddornsaft unterziehen. Mit einem Klacks Schlagsahne und frischer Petersilie servieren.

Gewöhnliche Berberitze

Superfood, Paleo Food, Health Food, Brain Food, Soul Food – in kaum einer der modernen Ernährungsbewegungen fehlt eine Frucht, die heutzutage nur sehr wenige kennen: die Berberitze. Beerenkraft pur!

Kleine Vorstellungsrunde

So heißt sie botanisch → *Berberis vulgaris*

So sieht sie aus → bis 3 m hoher, stark verzweigter, sommergrüner Strauch mit bogenförmigen Trieben, rot- bis braungrauer Rinde und nadelspitzen Dornen, die meist zu dritt beieinanderstehen; wechselständige, verkehrt eiförmige, am Rand fein gezähnte Blätter; gelbe, kugelige, duftende Blüten in Trauben; Blütezeit Mai bis Juni; ziegel- bis scharlachrote, länglich walzenförmige Beerenfrüchte mit 2–3 Samenkernchen

Hier wächst sie → sonnige bis halbschattige Stellen auf trockenem, kalkhaltigem Boden; Waldränder, Gebüsche

Vorsicht: nicht verwechseln mit → anderen Berberitzen-Arten vor allem im Garten, über deren Giftgehalte zu wenig bekannt ist und deren Früchte oft mehlig-bitter schmecken

Barbarenstrauch

Nicht erst die Germanen, von den Römern als Barbaren bezeichnet, nutzten die Früchte, was vermutlich zum Namen Berberitze führte. Die sauren Früchte, Essig- oder Sauerbeeren genannt, wurden allgemein zum Säuern von Getränken und Gerichten eingesetzt. Der Saft galt und gilt als reinigend, sekretionsfördernd, entzündungshemmend und entschlackend.

Die reifen Früchte sind ungiftig – ganz anders dagegen der Rest der Pflanze. Vor allem in der Wurzel stecken Alkaloide, hauptsächlich Berberin. Ein leuchtend gelber Stoff, was beim Anschneiden der Zweige deutlich sichtbar wird, mit giftiger Wirkung. Berberitzenfrüchte sollten sicherheitshalber sehr sauber verlesen werden, damit keine Fruchtstiele, Blatt- oder Zweigreste verbleiben.

Vorsorgefrucht

Schon immer dienten Berberitzen nicht allein kulinarischen Genüssen, sondern auch der Gesunderhaltung. Insbesondere im Alpenraum werden die Früchte in Form von Sirup, Marmelade oder als stark eingekochte Fruchtpaste ähnlich Quittenbrot geschätzt, weil man sich damit vor Lungen-, Darm- und Leberleiden zu schützen hofft. Wo immer Zitrone zur Aromatisierung erwünscht oder Essig zum Würzen vonnöten ist, mit Berberitzen lässt sich gesunder Ersatz schaffen.

- Frische oder getrocknete Berberitzen stärken aufgrund ihres Vitamin-C-Gehalts die Abwehrkräfte. Vor allem getrocknet finden die Früchte als würzende Zutat mehr und mehr Gefallen, etwa mit Kräutern gemörsert für Füllungen oder Bratlinge.

- Der wunderbar rot leuchtende Berberitzensaft, frisch gepresst oder heiß entsaftet aus reichlich Beeren entstanden, löscht den Durst und fördert sanft die Verdauung.

- Lässt man frischen Saft einige Wochen stehen, entsteht durch Gärung ein Fruchtessig, der – kurmäßig über zwei Wochen täglich in kleiner Menge eingenommen – Atemwege und Bronchien sowie den Verdauungstrakt reinigt und sich positiv auf den Zuckerstoffwechsel auswirken soll.

- Sirup und Aufstriche aus den pektinreichen Berberitzen halten das Immunsystem fit, beugen Erkältungen vor und schützen die Schleimhäute.

Super ernten

- vollreife, gut ausgefärbte Beerenfrüchte ab September
- nach dem ersten Nachtfrost oder durch kurzes Einfrieren wird die Säure milder

Super gut

- Pektine
- Phytamine: Fruchtsäuren (bis 6 %), Carotinoide, Gerbstoffe
- Vitamine: Vitamin C

Super genießen

- roh, gekocht, getrocknet
- als Saft, Sirup, Mus, für Getränke, Saucen, zum Würzen
- zum Backen, für Müsli, in Smoothies
- für Wein, Essig, Likör

Auch super!

Der Gelbe Hartriegel (*Cornus mas*), an dem die appetitlichen Kornelkirschen reifen, ist in vielen Hecken und Gebüschen anzutreffen. Seine Früchte schmecken herb-säuerlich und sehr erfrischend, ähnlich wie Berberitzen, nur nicht ganz so intensiv. Die kirschgroßen, kirschroten und wie Kirschen im Inneren einen Stein enthaltenden Früchte liefern Saft und Gelee, Kompott und Fruchtmus, sind reich an Vitamin C und Mineralstoffen wie Kalium und Eisen.

Möhrenreis mit Berberitzen

Vegan, laktosefrei, glutenfrei

Zutaten für vier Portionen:

- 500 g Möhren
- 75 g Rosinen
- 1 Zwiebel
- 100 g Mandelstifte
- 350 g Basmatireis
- 2 EL Pflanzenöl
- Gemüsebrühe oder Weißwein
- 75 g frische Berberitzen
- Salz
- Pfeffer
- Ringelblumenblüten, ausgezupft

⟶ Möhren schälen und in feine Stifte schneiden. Rosinen mit heißem Wasser übergießen, Zwiebel schälen und würfeln.

⟶ Mandelstifte in einer Pfanne ohne Fett rösten.

⟶ Reis in Salzwasser garen. In ein Sieb abgießen, abtropfen lassen und warm halten.

⟶ Zwiebelwürfel in Pflanzenöl glasig dünsten. Möhren zugeben, mit etwas Gemüsebrühe oder Wein ablöschen und unter Rühren dünsten, bis die Möhren bissfest gegart sind.

⟶ Rosinen abgießen, zusammen mit den Berberitzen und den Mandelstiften unter die Möhren mischen.

⟶ Reis mit der Möhrenpfanne mischen, mit Salz und Pfeffer würzen.

⟶ Mit ausgezupften Ringelblumenblüten bestreuen.

VARIANTEN

Statt Reis kann man Hirse, Dinkel, Grünkern, Couscous oder Bulgur verwenden. Anstelle oder in Ergänzung zu den Möhren passen viele andere Gemüse, etwa Kürbis, Fenchel, Pastinaken oder auch Schwarzwurzeln. Wer mag, reichert das Gericht mit pochiertem oder gebratenem Hühnchen-, Lamm- oder Kalbfleisch, Fischfilet oder Garnelen an.

Mein persönliches Highlight

Mit der knackigen Säure der Berberitzen erhält ein Chutney den richtigen Kick. Zwiebel-, Apfel- und Kürbiswürfel anschmoren, mit Honig, Chili, Ingwer, Zimt, Salz und Pfeffer würzen, gehackte Berberitzen dazugeben und alles dicksämig einkochen.

Schwarzer Holunder

Mit seinen weißen Blüten kündigt der Holunder die **lichtvolle Jahreszeit** an, mit seinen schwarzen Früchten mahnt er, dass die Tage wieder dunkler werden. Zeit, sich um eine **starke Abwehr** vor den Unbilden des Winters zu kümmern. Genau dabei hilft: Holunder!

Kleine Vorstellungsrunde

So heißt er botanisch → *Sambucus nigra*
So sieht er aus → bis 10 m hoher, ausladender, sommergrüner Strauch oder mehrstämmiger Baum mit graubrauner, von Korkporen übersäter Rinde; gegenständige Blätter mit 5 oder 7 elliptischen, am Rand gesägten Fiedern; cremeweiße, stark duftende Blütchen in Schirmrispen (Dolden genannt); Blütezeit Mai bis Juli; anfangs rötliche, später blauschwarze kugelige Steinfrüchtchen, überhängend
Hier wächst er → halbschattige Stellen auf sehr nahrhaftem, humusreichem Boden; Waldlichtungen und -ränder, Gebüsche, Unkrautfluren, Parks, Gärten
Vorsicht: nicht verwechseln mit → dem eher giftigen Zwergholunder oder Attich (*Sambucus ebulus*), der krautig wächst und dessen Früchte immer straff nach oben ragen

Holunder tut Wunder

Voller Ehrfurcht zog man früher den Hut vor dem Holunderstrauch, galt er doch als Sitz der guten Hausgeister. Respektvoll erntete man die „Fliederbeeren" und kochte daraus Saft oder ein Süppchen, um den Segen der in ihm wohnenden Kräfte aufzunehmen. Ein Dank an Frau Holle, die gute Erdmutter, sie ist die Schutzgöttin des Holunderstrauchs.

Holunderbeeren muss man ihre Eigenschaften austreiben. In den Früchten stecken, wie in allen anderen Teilen außer Blüten, cyanogene Verbindungen, die bei Zerfall Blausäure abspalten. Damit diese nicht giftig wirken kann, brauchen die Beeren nur erhitzt oder getrocknet, in Alkohol oder Essig eingelegt werden. Dabei wird das Gewebe zerstört, die Blausäure freigesetzt – sie entweicht. Roh sollte man die schwarzen Perlen von Frau Holles Strauch nicht genießen, sie können Übelkeit, Erbrechen und Durchfall verursachen.

Allround-Talent

Außen schwarzblau, innen blutrot – den dunklen Farbstoffen verdanken die Holunderbeeren hauptsächlich ihre Vorzüge. Vorteil ist, dass sie beim Kochen – was wegen der Blausäure unerlässlich ist – stabil bleiben und laut vielen Untersuchungen auch sehr gut vom Körper aufgenommen werden können. Seinem Status als Superfood kommt der Schwarze Holunder besonders gut in Form von Saft nach, wenn man immer wieder davon ein kleines Glas trinkt. Holundersaft – vorausgedacht:

- Holunderbeeren stärken mit ihren Inhaltsstoffen das Immunsystem. Sie wirken antiviral, antibakteriell und antioxidativ, schützen vor Grippe und Erkältungskrankheiten wie auch vor Herz-Kreislauf-Erkrankungen.
- Holunderbeeren füllen dank ihres Mineralstoffreichtums die Speicher im Körper wieder auf. Das enthaltene Eisen ist gut für die Blutbildung.
- Holunderbeeren sollen den Zuckerstoffwechsel positiv beeinflussen. Studien besagen, dass nach Verzehr mehr Insulin freigesetzt wird als sonst.

Auch super!

Über all den dunklen Beerenfreuden dürfen die Holunderblüten nicht vergessen werden. Mit ihrer einzigartigen Kombination aus Flavonoiden, ätherischen Ölen und vielen weiteren Inhaltsstoffen mobilisieren sie die Immunabwehr – und schmecken unvergleichlich gut!

Super ernten
- nur vollreife, gut ausgefärbte Früchte
- Reifezeit ab Ende August bis September

Super gut
- Eiweiß
- Phytamine: Anthocyane, Flavonoide, Iridoide, Fruchtsäuren, ätherische Öle, Bitterstoffe
- Vitamine: Vitamin C (rund 18 mg pro 100 g Frischgewicht), Vitamin B (vor allem Folsäure)
- Mineralstoffe: Eisen, Calcium, Kalium, Magnesium

Super genießen
- ausschließlich gekocht, getrocknet oder anderweitig verarbeitet!
- Saft, Sirup, Gelee, Fruchtmus, Quark, Joghurt, Smoothies
- Essig, Likör
- Fruchtsuppen, Grütze, Chutney, Würzzutat für Gemüse und Saucen
- getrocknet für Müsli, Energieriegel, Tee

Fliederbeersuppe
mit Schneeklößchen

Vegetarisch, laktosefrei, glutenfrei

Zutaten für vier Portionen:

- 20 Holunderbeerdolden
- 1 große Birne (oder Apfel)
- Saft und abgeriebene Schale von ½ Bio-Zitrone
- 80 g Zucker
- 1 Zimtstange
- 5 Gewürznelken
- 1 Prise Salz
- 500 ml Birnensaft (oder Apfelsaft)
- ½ EL Speisestärke
- 2 Eiweiß (ganz frisch)
- 2 EL Puderzucker

→ Holunderbeerdolden waschen, die einzelnen Beeren mit Hilfe einer Gabel von den Stängeln streifen.

→ Birne schälen, vierteln, Kerngehäuse entfernen und grob zerkleinern.

→ Holunderbeeren, Birnenstücke, Zitronenschale, Zucker, Zimt, Nelken und Salz aufkochen und bei milder Hitze 15 Minuten ziehen lassen. Durch ein Sieb abgießen, Reste gut ausdrücken.

→ Aufgefangenen Saft mit Birnensaft mischen, mit Wasser auf 1 l Flüssigkeit aufgießen. Zum Kochen bringen.

→ Speisestärke mit etwas kaltem Wasser mischen. In die heiße Flüssigkeit rühren und nochmals aufkochen. Mit Zitronensaft abschmecken.

→ Für die Schneeklößchen Eiweiß zu sehr steifem Schnee schlagen, dabei den Puderzucker einrieseln lassen und einige Tropfen Zitronensaft unterschlagen.

→ Mit einem Esslöffel Klößchen vom Eischnee abstechen und vorsichtig in kochend heißes Salzwasser gleiten lassen. Ohne Deckel 10–12 Minuten pochieren (nicht kochen), nach der Hälfte der Zeit einmal wenden. Mit einer Schaumkelle herausnehmen und zur Holunderbeersuppe reichen.

VARIANTE MIT ÄPFELN UND GRIESSNOCKERL

Wer es kräftiger mag, kocht Holunderbeeren mit Apfelschnitzen in Apfelsaft weich, zerdrückt alles und würzt mit Zitrone und / oder Orange, Honig und Zimt. Statt der Klößchen aus Eischnee passen auch Grießnockerl, dafür 125 g Grieß mit 1 EL Butter und 1 EL Zucker in 250 ml Milch garen, dann 2 Eier unterziehen. Aus diesem Teig Nockerl formen, die man direkt in der Suppe oder in Salzwasser gart.

Mein persönliches Highlight

Holunder-Apfel-Kraut

Gedünsteter Rotkohl, angereichert mit Holunderbeeren und Apfelschnitzen und verfeinert mit Orangenschale und Zimt, dazu Kartoffelpüree – schon ist eine bunte und gesunde Mischung auf dem Teller. Gerne auch mal mit Quitten statt mit Äpfeln zubereitet!

Hagebutte

Aus jeder noch so **schönen Rose** wird einmal eine Hagebutte, heißt es. Bleibt abzuwägen, was **wertvoller** ist, die adelige Rosenblüte oder die **edle Rosenfrucht**. Aus Ernährungssicht ist die Frage schnell entschieden, eindeutig zugunsten der Butte.

Kleine Vorstellungsrunde

So heißen sie botanisch → die Früchte von *Rosa*, verschiedene Arten z. B. Hundsrose (*Rosa canina*), Kartoffelrose (*Rosa rugosa*), Apfelrose (*Rosa villosa*), Weinrose (*Rosa rubiginosa*), Alpen-Rose (*Rosa pendulina*), Bibernellrose (*Rosa spinosissima*); Hagebutten sind prinzipiell von allen Rosen-Arten und -Sorten essbar, auch von Kulturrosen. Letztere sind leider oft im Geschmack sehr herb und bitter.

So sehen sie aus → orange- bis dunkelrote, bisweilen schwarzrote Früchte; haselnuss- bis pflaumengroß, länglich oval bis abgeflacht rund; mit hellen bis dunklen, harten Kernen im Inneren, die widerhakenbewehrte Härchen tragen; mit mehr oder weniger ausgeprägten Kelchzipfeln (Blütenresten) am oberen Ende

Hier wachsen sie → an sonnigen bis halbschattigen Stellen auf trockenem bis frischem Boden; Waldränder, Hecken, Gebüsche, Gärten, Parks

Rosehips – die sind hip

Total angesagt, absolut trendy, eben hip, das sind rosehips, englisch für Hagebutten. Wenn etwas in die Reihe der Superfoods gehört, zumal zu den heimischen, dann gehören die „Rosenäpfel“ unbedingt dazu, sogar in die oberste Liga. Warum sind Hagebutten nicht voll in der Mode? Weil es ziemlich mühsam ist, an das rote Fruchtfleisch zu kommen. Und weil an den Kernchen viele widerborstige Haare haften, die heftigen Juckreiz verursachen können – und bei vielen unliebsame Erinnerungen an das Juckpulver der Kindheit wecken. Aber Hagebutten verdienen es, wieder ins Rampenlicht geholt zu werden.

Sanft im Geschmack

Keine andere heimische Frucht kann mit der Hagebutte konkurrieren, wenn es um Vitamin C geht. Die roten Hiffen, Hetscherl oder Hägen sind mit weit über 1000 mg pro 100 g Frischgewicht unschlagbar. Einzig ein paar tropische Früchte wie die Acerolakirsche können mit mehr als 2000 mg auftrumpfen, allerdings büßen diese beim langen Transport viel davon ein. Hagebutten dagegen kann man ganz frisch pflücken und im Augenblick ihrer höchsten Werte genießen.

- Dass Hagebutten angesichts der hohen Vitamin-C-Werte nicht wie zu erwarten sauer schmecken, liegt vor allem am Pektin. Es mildert die Säure und wirkt als sanfter Ballaststoff.

- Die höchsten Werte an Vitamin C finden sich in gerade eben reifen Hagebutten von heimischen Wildarten, die noch knackig und fest sind.

- Mus bekommt man am besten, wenn man Hagebutten halbiert und auskratzt, damit die Härchen später nicht zu Unbehagen führen. Hälften für eine Nacht einfrieren oder zwei Tage liegen lassen, so werden sie weich und können in viel kürzerer Zeit sehr schonend eingekocht werden.

Auch super!

Nicht Vitamine, sondern die farbgebenden Inhaltsstoffe stehen beim Weißdorn (*Crataegus*) im Fokus. Der „Freund des Herzens" wirkt sich positiv auf die Pumpleistung und Elastizität des Herzens aus. Es kann nicht schaden, einen solchen Freund ins Essen zu integrieren, z. B. als Fruchtmus.

Super ernten

- hartreife Früchte, sobald sie gut ausgefärbt sind
- ab Ende August bis Oktober

Super gut

- Pektine
- fette Öle (mit vielen ungesättigten Fettsäuren, in den Kernen)
- Phytamine: Carotinoide, Flavonoide, Gerbstoffe, Fruchtsäuren, ätherische Öle
- Vitamine: Vitamin C (bis 1250 mg pro 100 g Frischgewicht), B_1, B_2, Nicotinsäure, Vitamin K; in den Kernen Vitamin E
- Mineralstoffe: Kalium, Magnesium, Calcium, Phosphor, Eisen

Super genießen

- roh, gekocht oder getrocknet
- für Mus, Marmelade, Desserts, Gebäck, Getränke, Quark, Joghurt, Smoothie
- für Liköre, Essig

Hagebutten-Chutney zu Wurzelgemüse

Vegan, laktosefrei, glutenfrei

Zutaten für vier Gläser à 200 ml:

CHUTNEY:

- 700 g Hagebutten
- 2 rote Zwiebeln
- 3 säuerliche Äpfel
- 100 g getrocknete Berberitzen, Preiselbeeren (ersatzweise Cranberrys oder Rosinen)
- 300 g Zucker
- 200 ml Rotweinessig
- 1 TL Senfkörner, zerstoßen
- 1 TL Schwarzer Pfeffer, gemahlen
- 1 scharfe Chilischote, fein gewürfelt (oder ½ TL Cayennepfeffer)
- 1 walnussgroßes Stück Ingwer, fein gewürfelt

GEMÜSE:

- 2 Pastinaken
- 4 Möhren
- ½ Sellerieknolle
- 4–5 Kartoffeln
- 1 EL Pflanzenöl
- Salz
- Pfeffer

⟶ Hagebutten waschen, von Stielen und schwarzen Blütenresten befreien und halbieren. Bei Kartoffelrosen dürfen die Kernchen drin bleiben, sie werden abpassiert, restliche Kerne zerkochen vollständig. Bei anderen Hagebutten die Kernchen besser entfernen, weil sie sehr stabil sind und später kratzen. Hagebuttenhälften nochmals gründlich auswaschen.

⟶ Hagebutten mit wenig Wasser weich dämpfen. Masse durch ein Sieb passieren.

⟶ Zwiebeln schälen und fein würfeln. Die Äpfel schälen, das Kerngehäuse entfernen und grob würfeln.

⟶ Zwiebel- und Apfelwürfel, Berberitzen sowie weitere Zutaten zum Mus geben und im offenen Topf unter Rühren weiterköcheln, bis die Flüssigkeit weitgehend verdampft ist und eine dick-sämige Masse entstanden ist.

⟶ Heiß in saubere Schraubdeckelgläser füllen und verschließen.

⟶ Pastinaken, Möhren, Sellerie und Kartoffeln putzen, in Würfel schneiden.

⟶ Gemüse im Dampf garen, dann kurz in Öl anbraten, salzen und pfeffern, mit dem Chutney servieren.

VARIANTE HAGEBUTTEN-KETCHUP

Zwiebel- und Ingwerwürfel andünsten, mit Hagebuttenmus und Tomatenmark (im Verhältnis 3:1) mischen und mit Essig, Zucker und Gewürzen pikant abschmecken. Passt u. a. zu Kartoffelauflauf, kaltem Braten und Nudeln.

Mein persönliches Highlight

Vollreife Hagebutten frisch entkernt und fein gehackt, zusammen mit etwas Honig unter Joghurt gerührt – fertig ist ein herrliches Dessert! Nirgends sonst kommt man in den Genuss von so viel Vitamin-Power.

Brombeere

Welch eine Fülle! Schwarze Perlen, dicht gepackt, zu Beeren vereint. Auf zum Naschen! Nie schmecken Brombeeren besser als frisch aus dem Wald. Wenngleich es Achtsamkeit erfordert, denn so ohne Weiteres geben die stacheligen Sträucher ihre Schätze nicht her.

Kleine Vorstellungsrunde

So heißt sie botanisch → *Rubus fruticosus* agg., *Rubus* sect. *Rubus*

So sieht sie aus → kriechende, bogig überhängende, bis 3 m hoch kletternde, wintergrüne, stachelige Sträucher; wechselständige, fünf- oder siebenteilig gefiederte Blätter mit gezähnten Rändern; weiße bis rosafarbene Blüten; Blütezeit Mai bis August; blauschwarze Sammelsteinfrüchte, der weiße, kegelförmige Boden bleibt in den „Beeren" stecken

Hier wächst sie → sonnige bis halbschattige Stellen auf kalkhaltigem, nährstoffreichem Boden; Waldränder und -lichtungen, Gärten

Vorsicht: nicht verwechseln mit → den in Gärten und Parks bisweilen gezogenen Kermesbeeren (*Phytolacca*), deren junge Früchte an Brombeeren erinnern

Volle Beerenkraft

Brombeersträucher sind bestens bewaffnet, um ihre kostbare Fracht zu schützen. Kräftige Stacheln vereiteln den schnellen Griff zu den verlockend glänzenden Früchten. Wer so wehrhaft ist, muss auch entsprechend Schutz verleihen. Tatsächlich werden Brombeeren seit dem Altertum als Heilpflanzen gerühmt und bis heute als ausgewogen süß-säuerliche Leckerei geschätzt.

Brombeeren müssen behutsam behandelt werden. Weil sie nicht nachreifen, dürfen sie nur vollreif gepflückt werden. Die Beeren müssen sich samt dem innen liegenden Kegel leicht vom Ansatz lösen. Noch unreife Früchte schmecken enttäuschend sauer, überreife Brombeeren matschen und verderben rasch.

Black is beautiful

Ein Hoch aufs Schwarze! Je dunkler eine Frucht, desto mehr Antioxidantien hat sie. Prima gegen oxidativen Stress. Wenn das noch mit vielen Vitaminen und Mineralstoffen gepaart wird, kommt Superfood heraus.

- Den Früchten wird nachgesagt, dass sie blutbildend wirken.
- Brombeeren enthalten von allen Beeren das meiste Vitamin A, gut für Sehkraft und Nervenkostüm.
- Der Mineralstoffreichtum sorgt dafür, dass Brombeeren zu Recht zu den Superfrüchten gerechnet werden.
- Der hohe Pektingehalt in den Früchten sorgt oft dafür, dass Saft beim Einkochen ganz von allein geliert. Als lösliche Ballaststoffe tun sie Magen und Darm nur Gutes.
- Brombeeren sind Nervennahrung, beruhigen flatternde Gemüter. Abends verspeist sollen sie für einen sanften, ruhigen Schlaf sorgen.
- Brombeersaft wird seit alters her zur Pflege von Hals und Rachen empfohlen, gilt als bewährtes Hausmittel bei Halsschmerzen und Heiserkeit.
- Nicht allein die Früchte, auch die Blätter eignen sich zum Aufwerten der täglichen Kost. Sie enthalten milde Gerbstoffe, die die Verdauung regeln und Keime abfangen.

Auch super!

Himbeeren (*Rubus idaeus*) sind wie Brombeeren Sammelsteinfrüchte, bei denen sich allerdings der kegelige Fruchtboden bei Reife herauslöst. Ein großer Unterschied besteht auch in der Farbe, Himbeeren haben mehr Flavonoide und weniger Anthocyane. Dafür punkten sie mit mehr Vitamin C und Eisen.

Super ernten

- vollreife Früchte
- junge Blätter

Super gut

- Kohlenhydrate (Fruchtzucker)
- Pektine
- Phytamine: Anthocyane, Flavonoide, Carotinoide (Lutein, Zeaxanthin), organische Säuren, Gerbstoffe
- Vitamine: Vitamin A, B_1, C (14–18 mg pro 100 g Frischgewicht), E, K
- Mineralstoffe: Kalium, Calcium, Magnesium, Phosphor, Natrium, Eisen, Mangan, Zink

Super genießen

- frisch, gekocht, getrocknet
- für Saft, Gelee, Fruchtmus, Kompott, Saucen, Joghurt, Quark, Smoothie
- als Tortenbelag, für Obstsalate
- für Likör, Essig
- Blätter für Salate, Suppen, Pesto, Kräutersalz, Smoothie, Tee

Polenta mit Brombeerjus

Vegetarisch, glutenfrei

Zutaten für vier Portionen:

POLENTASCHNITTEN:

- 250 ml Wasser
- 250 ml Milch
- 1 Prise Salz
- 180 g Maisgrieß (Polenta)

JUS:

- 250 g Brombeeren
- 40 g Zucker
- ½ Glas Rotwein
- 1 Glas Weinbrand
- 1 EL fein geriebene Mandeln
- Saft und Schale einer Orange
- 1 Prise Nelkenpulver
- 1 Prise Zimt
- 1 TL scharfes Senfpulver

→ Wasser, Milch und Salz zum Kochen bringen.

→ Maisgrieß zügig einrieseln lassen, dabei mit einem Schneebesen kräftig umrühren, damit keine Klümpchen entstehen. Deckel aufsetzen und bei milder Hitze ausquellen lassen, dabei zwischendurch immer wieder mit dem Kochlöffel umrühren und auch die sich am Topfboden absetzende Kruste auflockern.

→ Polenta nach 15–20 Minuten in eine ausgefettete flache Form oder auf ein Backblech umfüllen, auskühlen lassen. Kalte Polenta in Schnitten teilen, nach Wahl in etwas Öl oder Butter knusprig braten.

→ Für die Jus Brombeeren durch ein Sieb streichen, mit den übrigen Zutaten zu einer nicht zu flüssigen Sauce verkochen und pikant abschmecken.

→ Polentaschnitten mit der Sauce servieren.

VEGANE, LAKTOSEFREIE VARIANTE

Die Polenta statt mit Milch mit Hafermilch zubereiten. Auch gut: Statt Polenta Hirse oder Grieß verwenden, einen dicken Brei zubereiten, wie einen Auflauf im Backofen backen und dann warm zur Brombeerjus reichen.

Mein persönliches Highlight

Brombeer-Flammkuchen
Hefeteig dünn ausrollen, mit Schmand bestreichen und mit Brombeeren belegen. Abgeriebene Zitronenschale, etwas Zucker und geröstete, fein gehackte Nüsse obenauf geben, im Backofen bei großer Hitze knusprig backen.

Meerrettich

Echt scharf, das bissige Naturell dieses Kreuzblütlers! Kaum zu glauben, was für **forsche Würze** in den **Wurzeln** steckt. Doch im Tiefgang liegt der Überflug: Meerrettich putzt kräftig durch, von oben bis unten. Und wird so zum Superfood.

Kleine Vorstellungsrunde

So heißt er botanisch → *Armoracia rusticana*

So sieht er aus → knie- bis schulterhohe Pflanze mit kräftiger, walzenförmiger Wurzel, mehr oder weniger verzweigt; große, gestielte, länglich ovale Blätter, teils stark gekerbt, gewellt bis gekräuselt; kleine weiße Blüten in dichten Trauben; Blütezeit Mai bis Juli

Hier wächst er → an sonnigen bis halbschattigen Stellen auf nährstoffreichem, feuchtem Boden; verwildert an Wiesenrändern, entlang von Bächen und Flüssen, kultiviert im Garten, auf dem Feld

Vorsicht: nicht verwechseln mit → dem Stumpfblättrigen (*Rumex obtusifolius*) oder Krausen Ampfer (*Rumex crispus*) – hier ähneln sich die Blätter, die jedoch sehr bitter schmecken; die Wurzel könnte mit der sehr giftigen, spindelförmigen Wurzel des Schierlings (*Conium maculatum*) verwechselt werden

So ein Kraftprotz

Die Superfoods der Antike hießen Knoblauch, Zwiebel und Meerrettich. Schon die alten Ägypter hielten große Stücke auf den Meerrettich, bei den Griechen wog man ihn mit Gold auf, die Römer waren ebenfalls keine Kostverächter. Lange Zeit war die „Beißwurzel“ neben Senf und Pfeffer einziges Gewürz, das den Speisen eine gehörige Portion Schärfe verlieh – und gleichzeitig der Gesundheit diente. „Antibiotikum des armen Mannes“ oder „Penicillin vom Acker“ tituliert man den Kren. „Kree macht schee!“, heißt es in Franken, einem der Hauptanbaugebiete. Geerntet wird die Wurzel in den Monaten mit „R“. In den übrigen Monaten darf man gerne auf die überirdischen Teile der Pflanze zurückgreifen.

Ist das nicht scharf?

Der Scharfmacher unter den Pflanzen! Der kann viel mehr als sein kreuzblütiger Verwandter Rettich, der im Vergleich zum Meerrettich geradezu blass und gnädig mild bleibt. Die dicke Wurzel ist zwar zuerst geruchlos, aber nach dem Schälen und vor allem Zerkleinern verbreitet sie einen beißenden „Duft".

- So wie er Tränen in die Augen treibt und die Nase laufen lässt, wäscht er auch Bakterien hinfort. Die Glucosinulate, auch Senföle genannt, wirken antibiotisch. Bei der enzymatischen Aufspaltung entsteht u. a. Sulforaphan, das laut vieler Studien vor Krebs schützen soll.

- Unterstützung bekommen die schwefelhaltigen, brennend scharfen Senföle durch Lauchöle, insbesondere Alliin. Die schwefelhaltige Aminosäure setzt Allicin frei, die für den typischen Geruch verantwortlich ist. Allicin wirkt ebenfalls keimtötend.

- Nicht zu übersehen ist der erstaunlich hohe Gehalt an Vitamin C. Meerrettich kann zwar mit dem attraktiven Äußeren der als Vitamin-C-Spender vielgerühmten Zitrusfrüchte nicht mithalten, toppt Zitrone und Orange aber um mehr als das Doppelte. Selbst wenn man vom Meerrettich die einer Zitrusfrucht entsprechende Menge kaum auf einmal isst und deshalb die Vitamin-C-Aufnahme eher gering ausfällt, bekommt man zusätzlich noch eine Reihe wertvoller B-Vitamine mit, außerdem wichtige Mineralstoffe.

Auch super!

Reich an Glucosinulaten, aber viel milder im Geschmack ist auch der Schmalblättrige Doppelsame (*Diplotaxis tenuifolia*), der neben der Garten-Senfrauke (*Eruca sativa*) unter dem wohlklingenden Namen Rucola angeboten wird und hierzulande entlang von Wegen und auf Brachflächen wild vorkommt oder im Beet angebaut werden kann.

Super ernten

- Wurzel ab Oktober
- junge Blätter

Super gut

- Aminosäuren (Asparagin, Glutamin, Arginin), Schwefel
- Phytamine: Glucosinulate (Sinigrin, Gluconasturtiin, Sulforaphan), Lauchöle (Alliin), Flavonoide, ätherische Öle
- Vitamine: Vitamin C (100–180 mg pro 100 g Frischgewicht), B_1, B_2 und B_6
- Mineralstoffe: Natrium, Kalium, Magnesium, Calcium, Phosphor, Eisen

Super genießen

- Wurzel vorzugsweise frisch; eingelegt, gekocht
- für Dips, Saucen, Gemüse, als Würze
- junge Blätter roh oder gedünstet als Würze, Gemüsezutat oder für Rouladen
- Knospen und Blüten roh oder gedünstet als würzende Zutat oder zur Garnierung

Rote-Bete-Carpaccio
mit Meerrettichcreme

Vegetarisch, glutenfrei

Zutaten für vier Portionen:

- 4–5 Rote Bete (gerne auch Gelbe Bete oder bunt geringelte Chioggia-Bete)
- ½ TL Koriandersamen
- 5 Kapseln Kardamom
- 2–3 Kartoffeln, mehlig kochende Sorte
- 2 Äpfel
- 2 Zwiebeln
- 100 ml Milch
- 1 EL Butter
- Salz
- Pfeffer
- Muskatnuss
- abgeriebene Schale von ½ Bio-Zitrone
- frische Meerrettichwurzel
- 2 EL Pflanzenöl
- 4 EL frisch gehackte Kräuter (z. B. Petersilie, Schnittlauch, Kerbel)

→ Rote Bete in Salzwasser mit den Gewürzen garen, dann schälen und auskühlen lassen.

→ In hauchdünne Scheiben hobeln und auf Tellern auslegen.

→ Kartoffeln in der Schale garen. Währenddessen Äpfel und Zwiebeln schälen, Äpfel in dünne Schnitze, Zwiebeln in Ringe schneiden.

→ Kartoffeln pellen und durch die Kartoffelpresse drücken, mit warmer Milch und Butter verrühren, mit Salz, Pfeffer, Muskat und Zitronenschale würzen.

→ Meerrettich schälen und fein reiben, je nach gewünschter Schärfe zum Kartoffelpüree geben.

→ Apfelschnitze und Zwiebelringe in Öl braten. In der Mitte der Teller anrichten.

→ Meerrettichcreme zum Carpaccio geben. Mit Kräutern bestreuen.

VEGANE, LAKTOSEFREIE VARIANTE

Statt der Milch Hafer- oder Mandelmilch für die Meerrettichcreme verwenden.

Mein persönliches Highlight

Meerrettich passt gut in ein Salatdressing, z. B. zu Feldsalat, gemischt mit Radieschen und Eiern. Dafür frisch geriebenen Meerrettich mit Honig, Apfelessig und Rapsöl zu einer sämigen Sauce mixen. Im Frühjahr und Sommer kommen junge Meerrettichblätter dazu.

Echte Nelkenwurz

Was dem einen ein verhasstes Unkraut ist, ist dem anderen ein willkommenes Würzkraut. Der **wahre Schatz** liegt bei der Nelkenwurz unter der Erde geborgen: **im Wurzelstock**. Der sieht auch nicht gerade verführerisch aus, aber hat es in sich.

Kleine Vorstellungsrunde

So heißt sie botanisch → *Geum urbanum*

So sieht sie aus → knie- bis hüfthohes Kraut mit grün überwinternder Blattrosette, bis daumengroßer, rübenartiger, dunkelbrauner Wurzelstock mit dunkelrot bis violett gefärbtem Zentrum und zahlreichen fadenförmigen, hellbraunen bis grauweißen Wurzeln; behaarte, gestielte Rosettenblätter mit unregelmäßig geformten Fiedern, am Rand gesägt bis gekerbt, wechselständige Stängelblätter meist dreiteilig, auffällig große, laubblattartige Nebenblätter; kleine, leicht hinfällige, fünfzählige, leuchtend gelbe Blüten mit auffällig großem Kelch; Blütezeit Mai bis Oktober; igel- bis klettenartige Fruchtstände aus kleinen Nüsschen, jeweils mit langem, vorne hakenförmigem Griffelrest

Hier wächst sie → halbschattige Stellen auf nährstoffreichem Boden; Wälder, Gebüsche, Wegränder, Unkrautfluren, Gärten, Parks

Vorsicht: nicht verwechseln mit → der Bachnelkenwurz (*Geum rivale*), die jedoch nickende, braunrosa Blüten trägt und ebenso verwendbar ist

Nelkenduft

Schon mal an Nelkenblüten (*Dianthus*) geschnuppert? Viele Wildarten verströmen ein herb-würziges und doch süßlich blumiges Aroma. Damit parfümierte man früher Saucen und Salate, Bier und Wein. Der Blütenduft wiederum verlieh den Knospen des exotischen Nelkenbaums (*Syzygium aromaticum*) den Namen. Gewürznelken werden heute ganz selbstverständlich verwendet. Kaum einer erinnert sich da noch an die Echte Nelkenwurz.

Heilt schlicht alles

„Sanamunda", Heil der Welt, nannten die Botaniker des Mittelalters die Echte Nelkenwurz. Hildegard von Bingen rühmte sie als heilige Benedikte, die gesegnete Wurz, und empfahl, sie in Wein zu legen, der alsbald das Hirn stärke und das Herz erquicke. Die pulverisierte Wurzel lieferte das berühmt-berüchtigte Malefizpulver, ein Mittel gegen Teufel, Hexen und Dämonen – nichts anderes als ein Allheilmittel gegen alle Widrigkeiten des Lebens.

Die Liste der wohltuenden Wirkungen der Echten Nelkenwurz ist lang, beginnend bei der Anregung des Appetits über allgemeine Kräftigung bis zum Schutz vor der Pest. Es verwundert, dass die Pflanze heute nur noch wenig genutzt wird.

- Der Gerbstoffreichtum in den Blättern und der Wurzel hilft, den gesamten Verdauungstrakt fit zu halten. Gerbstoffe fangen Keime ab, trainieren die Schleimhäute und wirken Verstimmungen im Bauch entgegen.

- Eugenol, das in der Nelkenwurz mittels spezieller Enzyme freigesetzt wird und den charakteristischen Duft der Nelkenwurz-Wurzel ausmacht, hemmt Entzündungen und lindert Schmerzen. Der Duft entwickelt sich immer erst, wenn die Wurzeln angetrocknet und kräftig zerkleinert werden.

- Seit alters her spricht man der Nelkenwurz eine tonisierende Wirkung zu, wird sie als Geriatrikum verwendet. Sie baut verlorene Kräfte wieder auf und unterstützt den Magen. Wenn im Bauch alles in Ordnung ist, geht es auch dem Gemüt gut.

Auch super!

Ebenfalls ein Rosengewächs und ebenso reich an Gerbstoffen ist das Gänsefingerkraut (*Potentilla anserina*), dessen junge, herb-säuerlich schmeckende Blätter sehr Vitamin-C-haltig sind (350 mg pro 100 g Frischgewicht). Die knollenartigen Wurzeln duften zwar nicht, schmecken aber roh nussig, gekocht süßlich karottenartig.

Super ernten
- Wurzel ab Oktober bis März
- junge Blätter im Frühjahr und Sommer

Super gut
- Kohlenhydrate (Fructose, Glucose, Saccharose, Vicianose)
- Phytamine: Gerbstoffe, ätherische Öle (Eugenol), Bitterstoffe, organische Säuren

Super genießen
- Wurzel frisch oder angetrocknet als Würze für Getränke, Liköre, Gebäck, Marmeladen, Kompott
- Blätter frisch für Salate, Gemüsegerichte, Eierspeisen, Quark, Smoothie

Früchtebrotschnitten
mit Nelkenwurz-Aroma

Vegetarisch, laktosefrei

Zutaten für 1 Blech:

- 1 Wurzel der Echten Nelkenwurz
- 125 g Zucker
- 3 Eier
- abgeriebene Schale einer Bio-Zitrone
- 2 EL Fruchtlikör (z. B. Schlehe)
- 1 TL Zimt
- 60 g Haselnüsse
- 60 g Walnüsse
- 60 g Mandeln
- 50 g flüssiger Honig
- 50 g Rosinen
- 60 g getrocknete Pflaumen
- 60 g getrocknete Feigen
- 60 g getrocknete Datteln
- 50 g Zitronat
- 50 g Orangeat
- 125 g Mehl
- 30 g Kakaopulver
- Puderzucker

→ Die Wurzel der Nelkenwurz gründlich reinigen, den groben, dicken Wurzelstock sowie die dünnen Wurzeln fein hacken und mit dem Zucker mixen oder mörsern.

→ Nelkenwurz-Zucker und Eier schaumig schlagen, Zitronenschale, Likör und Zimt unterrühren.

→ Nüsse und Mandeln hacken und mit dem Honig in einem Topf karamellisieren. Abkühlen lassen, dann in Stücke brechen.

→ Trockenfrüchte klein schneiden, Zitronat und Orangeat fein würfeln, mit den Nüssen unter die Masse heben.

→ Mehl mit Kakao mischen, zugeben und alles gut verrühren.

→ Teig auf einem mit Backpapier belegten Blech 2–3 cm dick ausbreiten. Bei 175 °C Umluft etwa 20 Minuten backen.

→ Noch heiß in Stücke schneiden und mit Puderzucker bestäuben.

VARIANTE: VEGANES, GLUTENFREIES FRÜCHTEBROT

250 g zerkleinerte Trockenfrüchte im Saft einer Orange mit 80 g Apfelmus einweichen. 125 g Nüsse mahlen, mit 50 g glutenfreiem Mehl (z. B. Leinsamen-, Kartoffelmehl) unter die Fruchtmischung kneten, dabei geriebene Nelkenwurz und weitere Gewürze wie Zimt und Kardamom beifügen. Brot formen, bei 180 °C (Umluft) etwa 40 Minuten backen.

Mein persönliches Highlight

Fein zerkleinerte Nelkenwurz-Wurzeln eignen sich perfekt zum Würzen von Suppen und Eintöpfen, von Marmeladen und Aufstrichen, von Punsch und Glühwein. Oder einfach eine ganze Wurzel mitkochen lassen und vor dem Servieren wieder entfernen.

Vogelbeere

Sie hat einen giftigen Ruf, doch damit tut man der Vogelbeere bitter unrecht. Bester Beweis dafür sind vielerlei Köstlichkeiten aus den korallenroten Früchten, von Saft über Marmelade bis zum Likör. Man muss sich nur auf sie einlassen, dann versüßen sie den Tag.

Kleine Vorstellungsrunde

So heißt sie botanisch → *Sorbus aucuparia*

So sieht sie aus → bis 15 m hoher, sommergrüner Baum oder Strauch mit ovaler, lockerer Krone, schräg nach oben gerichteten Ästen, zur Fruchtreife überhängend; in der Jugend gelblich grüne, glatte, glänzende, im Alter mattgraue, rissige Borke; wechselständige Blätter, aus 9–19 an den Rändern gezähnten Fiedern zusammengesetzt; kleine weiße Blüten in schirmförmigen Rispen; Blütezeit Mai bis Juni; erbsengroße, kugelige, gelbe oder orangefarbene bis dunkelrote Früchte mit je drei Samenkernchen

Hier wächst sie → sonnige bis halbschattige Stellen auf nahezu jedem Boden; Lichtungen, Waldränder, Hecken, Gebüsche, Brachflächen, Gärten, Parks, Alleen

Vorsicht: nicht verwechseln mit → Sanddorn (*Hippophaë rhamnoides*, siehe Seite 80), Feuerdorn (*Pyracantha*, siehe Seite 80), dem sehr ähnlichen, aber seltenen Speierling (*Sorbus domestica*) mit apfelähnlichen Früchten und der Mehlbeere (*Sorbus aria*) mit ungefiederten Blättern

Gut zu wissen

Für die vermeintliche Giftigkeit ist wohl verantwortlich, dass Vogelbeeren in den (allerdings sehr kleinen) Samenkernen ähnlich wie Äpfel oder Mandeln Substanzen enthalten, die Blausäure abspalten. Obwohl hochgiftig, stecken doch nur winzige Spuren in den Samen. Angst vor einer Vergiftung durch Vogelbeeren braucht man deshalb nicht zu haben. Im Gegenteil, mit den Blausäureverbindungen kommt ein feines Aroma in die Früchte, es duftet nach Marzipan.

Die Wucht in Beeren

Die Bitterkeit wird vor allem durch Parasorbinsäure hervorgerufen, deren Gehalt in vollreifen Früchten am höchsten ist. In großen Mengen reizt sie den Magen und kann zu Unwohlsein, Durchfall und Bauchweh führen. Durch Kochen, Trocknen, Einlegen in Alkohol, Essig oder Maischen wird die Parasorbinsäure in Sorbinsäure umgewandelt. Diese hemmt die Vermehrung von Mikroorganismen und eignet sich daher als Konservierungsmittel. Deswegen hat man Vogelbeeren früher gerne Saft, Most und Wein zugesetzt, um sie besser haltbar zu machen.

- Vogelbeeren enthalten viel Vitamin C, umso mehr, je bitterer sie schmecken. Ist die Vollreife überschritten und waren die Früchte erst einmal dem Frost ausgesetzt, nimmt der Gehalt merklich ab.

- Vitamin A hält Haut und Schleimhäute fit, spielt eine wichtige Rolle bei der Zellerneuerung und stärkt die Sehkraft. Sänger und Redner essen daher getrocknete Vogelbeeren, um ihre Stimmbänder elastisch zu halten und sich vor Halsentzündungen zu schützen.

- Pektin hat positiven Einfluss auf den Cholesterinspiegel, hilft Magen und Darm bei einer geregelten Verdauung. Es bindet Giftstoffe und reguliert den Wassergehalt im Stuhl. Vogelbeermus gilt als hervorragendes Mittel für eine Detox-Kur.

- Süß sind Vogelbeeren obendrein. Es ist bis zu 12 % Sorbit enthalten, das zwar nur halb so süß wie Haushaltszucker schmeckt, dafür aber weder Karies fördert noch Insulin zur Verstoffwechselung erfordert, ideal gerade für Diabetiker.

Auch super!

Die Schwarze Eberesche, besser bekannt als Apfelbeere oder Aronia (*Aronia melanocarpa*), ist geschmacklich ebenso gewöhnungsbedürftig wie die Vogelbeere, die blauen Beeren ziehen den Gaumen noch mehr zusammen, sind herb und sauer. Trotzdem findet man sie stets an vorderer Stelle unter den Superfoods, wegen der dunklen Farbstoffe.

Super ernten

- vollreife Früchte, ab September

Super gut

- Kohlenhydrate (Zuckergehalt 10 %)
- Pektine
- Phytamine: Gerbstoffe, Bitterstoffe, Carotinoide, organische Säuren, Sorbit
- Vitamine: Vitamin A, C (100 mg pro 100 g Frischgewicht)
- Mineralstoffe: Kalium, Calcium, Magnesium, Mangan, Phosphor

Super genießen

- nur gekocht, getrocknet oder anderweitig verarbeitet
- für Saft, Gelee, Kompott, Mus, Likör
- zum Mischen in Marmeladen, Smoothies
- getrocknet für Müsli, Gebäck

Schüttelbrot-Nudeln
mit Vogelbeer-Chutney

Vegetarisch, laktosefrei

Zutaten für vier Portionen:

NUDELTEIG:

- 100 g Südtiroler Schüttelbrot, fein gemahlen
- 200 g Mehl
- 6 Eigelb
- 80 ml Olivenöl

CHUTNEY:

- 500 g Vogelbeeren
- 2 Birnen, entkernt und gewürfelt
- 150 g Zwiebeln, gewürfelt
- 200 g Tomaten, gewürfelt
- 1 rote Paprikaschote, gewürfelt
- 200 ml Apfelessig
- Honig nach Geschmack
- Salz
- Pfeffer
- Apfelpektin

→ Alle Zutaten für die Schüttelbrot-Bandnudeln in eine Schüssel geben und zu einem Teig verkneten. Sollte der Teig zu fest sein, eventuell etwas Wasser dazugeben. Den Teig mindestens 30 Minuten in Klarsichtfolie gewickelt ruhen lassen.

→ Teig mit einer Nudelmaschine oder mit dem Nudelholz dünn ausrollen und in etwa 1 cm breite Bandnudeln schneiden.

→ Nudeln in reichlich Salzwasser garen.

→ Für das Chutney Früchte, Gemüse und Gewürze samt Essig weich garen, dann mit Honig, Salz und Pfeffer abschmecken.

→ Apfelpektin (Menge: siehe Packungsanleitung) in etwas Wasser anrühren, unter die Masse rühren, nochmals aufkochen.

→ Schüttelbrotnudeln mit dem Chutney anrichten. Nach Wunsch geriebenen Käse dazu reichen.

VEGANE, GLUTENFREIE VARIANTE

Statt der Nudeln ein Risotto kochen und mit Rosmarin, abgeriebener Zitronenschale und Parmesan würzen. Alternativ glutenfreie Nudeln oder Sobanudeln (aus Buchweizen, vegan) verwenden.

Mein persönliches Highlight

Bitter-sweet symphony: Vogelbeeren in Aceto balsamico

Vogelbeeren mit hellem oder dunklem Essig übergießen und rund 20–30 Minuten sanft einköcheln. Eine außergewöhnliche Zutat zu Wild, Fisch oder Wurzelgemüse.

Haselnuss

Viel Hasel, viel Kind – weiß der Volksmund, denn Haselnüsse gelten als Inbegriff der Fruchtbarkeit. Die Sträucher strotzen vor Lebenskraft, warum soll der Mensch nicht davon profitieren? Lässt sich ganz einfach ausprobieren, mit nussigem Vergnügen.

Kleine Vorstellungsrunde

So heißt sie botanisch → *Corylus avellana*

So sieht sie aus → bis 6 m hoher, sommergrüner Strauch, glänzend hellbraune Rinde; wechselständige, rundliche, fein behaarte und dadurch weiche Blätter, goldgelbe Herbstfärbung; unscheinbare weibliche Blüten und hängende männliche Blütenkätzchen; Blütezeit Februar bis März; eiförmige, braune Nussfrüchte in grüner, glockiger Hülle

Hier wächst sie → sonnig bis halbschattig auf humosem Boden; lichte Laubwälder, Waldränder, Hecken, Gärten, Parks

Vorsicht: nicht verwechseln mit → jungen Ulmen (*Ulmus*), die sehr ähnlich geformte, aber raue Blätter tragen

Kleine Nuss, großer Genuss

Warum gehören Haselnüsse ins Studentenfutter, eine seit dem 17. Jahrhundert bekannte Knabbermischung? Warum finden sie sich in Energieriegeln? Haselnüsse geben Kraft, dem Kopf wie dem Körper. Früher galt Studentenfutter sogar als Heilnahrung, man päppelte damit Menschen auf, die an Schwächezuständen litten.

Haselnüsse lassen sich mit Schale lange lagern, sind unkompliziert zu essen – wenn sie erst einmal geknackt sind – und schmecken angenehm. Bei frischen Nüssen mit optimaler Qualität hört man nichts, wenn man sie schüttelt. Mit der Zeit schrumpfen die Nusskerne, dann ist deutlich ein Klappern zu vernehmen. Durch zu feuchte Lagerung siedeln sich leider immer wieder Schimmelpilze an, die Giftstoffe auf die Kerne abgeben. Ausschlaggebend ist immer auch der Geruch: Haselnüsse dürfen niemals muffig oder ranzig riechen.

Der kleine Snack für zwischendurch

Hier machen sich Kalorien bezahlt: Haselnüsse gehören mit 600 Kilokalorien pro 100 g Frischgewicht nicht gerade zu den Schlankmachern. Aber ihre hohe Energiedichte ist gut kombiniert, denn sie setzt sich aus hochwertigen Komponenten zusammen. Bei maßvollem Genuss, das entspricht 25–30 g pro Tag, sind Haselnüsse überaus gesund.

- Rund zwei Drittel der in den geschälten Haselnüssen enthaltenen Fette und Öle bestehen aus einfach und mehrfach ungesättigten Fettsäuren. Diese wirken sich positiv auf den Fettstoffwechsel aus, regulieren den Cholesterinspiegel und beugen Arterienverkalkung vor.

- Gut die Hälfte des täglichen Bedarfs an Vitamin E lässt sich mit der empfohlenen Tagesmenge decken. Vitamin E gilt als wichtiger Radikalfänger.

- Haselnüsse enthalten auch Ballaststoffe, unterstützen also die Darmfunktion. Sie liefern wichtige Mineralstoffe, die im Stoffwechsel gebraucht werden.

- Lecithin, aber ebenso hochwertige Eiweißstoffe, dazu Vitamine, Mineralstoffe und Spurenelemente machen Haselnüsse zum Brain Food, Nahrung für Gehirn und Nerven.

Super ernten

- reife Nüsse ab September / Oktober
- ganz junge Blätter im Frühjahr

Super gut

- Fette und Öle (viele mehrfach ungesättigte Fettsäuren), Eiweiß
- Phytamine: Lecithin
- Vitamine: Vitamin B und E, Folsäure
- Mineralstoffe: Kalium, Calcium, Magnesium, Phosphor, Eisen, Zink

Super genießen

- Nüsse frisch oder getrocknet, geröstet
- für Müsli, Backwaren, Joghurt, Desserts, Aufstriche, herzhafte Gerichte
- für Milchersatz
- junge Blätter für Frischverzehr, als Gemüsezutat

Auch super!

Walnüsse (*Juglans regia*) sind wie Haselnüsse vor allem für Vegetarier und Veganer unverzichtbar und willkommene Alternative zu Fleisch und Milchprodukten. Es gehört inzwischen zu den altbekannten Weisheiten, dass Walnüsse besonders günstig fürs Gehirn sind.

Vegetarischer Nussbraten

Vegan, laktosefrei

Zutaten für vier Portionen:

- 2 Zwiebeln
- 50 g Pflanzenöl
- 1 EL Kartoffelmehl
- 200 g Haselnüsse, zur Hälfte gemahlen, zur Hälfte gehackt
- 100 g Semmel- oder Zwiebackbrösel
- 1 EL Zitronensaft
- 1 EL gehackte Kräuter (z. B. Wilder Quendel, Oregano)
- 2 EL scharfer Senf
- Salz
- Pfeffer

→ Zwiebeln hacken und in Öl weich dünsten, Mehl hinzugeben, alles kurz durchrösten. Mit etwas Wasser ablöschen, damit eine dicke, cremige Masse entsteht.

→ Nüsse, 90 g Semmelbrösel, Zitronensaft, Kräuter und Senf zufügen, mit Salz und Pfeffer würzen. 30 Minuten ziehen lassen.

→ Masse zu einem Braten formen, in Semmelbröseln wenden und in eine ausgefettete oder mit Backpapier ausgekleidete Kastenform legen. Braten mit Öl bestreichen.

→ Etwa 45 Minuten bei 180 °C Ober-/Unterhitze backen.

VARIANTE MIT GEMÜSE

Den Nussbraten kann man gut mit Gemüse anreichern und z. B. geraspelte Möhren oder Petersilienwurzeln zum Teig geben. Die Haselnüsse lassen sich durch andere Nüsse, etwa Walnüsse oder Maroni, ersetzen.

Mein persönliches Highlight

Haselnüsse verwende ich gerne als Topping für Salate, Suppen und Gemüse, das sorgt für Crunch und einen zusätzlichen Geschmackskick: Gehackte Haselnüsse mit zerzupften Grün- oder Rosenkohlblättern im Backofen trocken rösten, leicht salzen und pfeffern.

Schlehe

Ein Superfood, das nicht erst die Oma kannte und schätzte – Schlehen gehörten seit der Mensch sesshaft wurde zur Versorgung im Winter. Dank ihrer dunkelblauen Färbung erleben sie eine Renaissance, denn sie liefern **reichlich Antioxidantien**.

Kleine Vorstellungsrunde

So heißt sie botanisch → *Prunus spinosa*

So sieht sie aus → bis 5 m hoher, sommergrüner, sehr stark verzweigter, dornenreicher Strauch mit schwärzlicher, anfangs weißlich beflaumter, später kahler Rinde; kleine weiße, fünfzählige Blüten, vor den Blättern erscheinend; Blütezeit März bis April; blauschwarze, anfangs von weißlichem Reif überzogene, kugelige bis ovale Früchte mit großem Steinkern

Hier wächst sie → sonnige Stellen auf kalkhaltigem, oft auch steinigem Boden; Weg- und Waldränder, felsige Hänge, Hecken, Gebüsche

Vorsicht: nicht verwechseln mit → dem giftigen Purgier-Kreuzdorn (*Rhamnus cathartica*), dessen schwarze Früchte aber stets in dichten Büscheln stehen, dem ebenfalls giftigen Liguster (*Ligustrum vulgare*), dessen schwarze Früchte immer an Triebspitzen in pyramidenförmigen Fruchtständen vereint sind

Vielseitig nutzbar

Aus den Ästen entstanden Wanderstöcke, aus den Dornen Tinte, aus den Blättern Tabakersatz, aus den Blüten ein heilender Tee. Kaum etwas, das vom Schlehenstrauch oder Schwarzdorn ungenutzt blieb. Schon gar nicht die Früchte, obwohl sie so herb und sauer schmecken und wenig Fruchtfleisch haben, das sich zudem nicht vom recht großen Stein löst. Erst nach richtiger Verarbeitung kommen die wahren Werte dieser Früchte zur Geltung, und dies nicht allein als wohlbekannter und selten verschmähter Schlehenbrand, Schlehenlikör oder Schlehenwein. Süßes erscheint nicht so süß, wenn es mit den herben Schlehen zubereitet wurde. Besonders köstlich schmecken Schlehen, die essigsauer eingelegt sind, ähnlich Oliven.

Vielseitig wirksam

Dunkles Blau – diese Fruchtfarbe signalisiert, dass reichlich Anthocyane vorhanden sind. Wie Heidelbeeren, Brombeeren oder Holunderbeeren sind auch Schlehen damit gesegnet. Die Farbstoffe fangen in unserem Körper freie Radikale ab, schützen so vor Stress, Krankheiten und vorzeitiger Alterung.

- Wenn Schlehen nur nicht so herb und bitter schmecken würden. Verantwortlich für den rauen, pelzigen Belag auf Zunge, Gaumen und Zähnen sind Gerbstoffe, die aber eben auch entzündungshemmend wirken. Kälte sorgt dafür, dass die Gerbstoffe mittels Enzymen abgebaut werden. Dabei ist es unerheblich, ob Naturfrost die Früchte am Strauch erwischt oder man sie im Tiefkühler einfriert. Innerhalb weniger Tage sinkt der Gerbstoffgehalt um die Hälfte.

- Schlehensaft, nicht gepresst, sondern durch behutsames Auskochen der Früchte gewonnen, sowie Schlehenmus werden seit alters her als vitaminreiche Stärkung für das Immunsystem, zur Kräftigung und Rekonvaleszenz empfohlen.

- Schlehen regulieren den Appetit, fördern die Verdauung und beruhigen den Magen.

- Schlehen beugen Problemen mit der Blase vor, dienen der Blutreinigung und Entgiftung.

Super ernten
- gut ausgefärbte, reife Früchte ab September / Oktober vor dem Frost
- reife Früchte nach Frosteinwirkung

Super gut
- Kohlenhydrate
- Phytamine: Gerbstoffe, Anthocyane, Flavonoide, Bitterstoffe, Fruchtsäuren
- Vitamine: Vitamin C

Super genießen
- gekocht, süß oder pikant eingelegt
- für Saft, Sirup, Mixgetränke, Likör, Wein
- für Mus, Chutney, Saucen, Mischmarmeladen, Gelee

Auch super!

Noch ein fast vergessenes Obst: Mispeln (*Mespilus germanica*). Die braunen, aprikosengroßen, jedoch mit großen Kernen bestückten Früchte sind reich an Pektin und wohltuend für Magen und Darm. Ihr breiiges, mild aromatisches Fruchtfleisch ist gut zum Mischen mit Schlehen geeignet.

Alkoholfreier Schlehenpunsch

Vegan, laktosefrei, glutenfrei

Zutaten für vier Portionen:

- 400 ml Schlehensaft
- 200 ml Apfelsaft
- 200 ml Traubensaft
- 50 ml Birnendicksaft
- 1 Stück Nelkenwurz (ersatzweise 3 Gewürznelken)
- 4 Knospen von der Schwarz- oder Balsampappel (ersatzweise 1 Zimtstange)
- 2 TL Hagebuttenkerne (ersatzweise ½ Vanillestange)
- 1 Zitrone

→ Säfte und Gewürze erhitzen.

→ Bei milder Hitze zugedeckt 20 Minuten ziehen lassen, abseihen.

→ Heiß servieren.

VARIANTE: FRÜCHTETEE

Einen kräftigen Schwarzen Tee zubereiten, Apfel- und Schlehensaft sowie eine Zimtstange zugeben. Mit Orangenschale und Honig würzen, nach Belieben mit Schlehenlikör oder -brand verfeinern.

Mein persönliches Highlight

Schlehengelee

Schlehen in einen Topf geben, mit Wasser bedecken, aufkochen und 20 Minuten simmern lassen. Saft abfiltern, die Schlehen nochmals auf gleiche Weise auskochen. Saft abmessen und mit entsprechender Menge Gelierzucker zu Gelee verarbeiten.

Holunderschwamm

Der Mensch lebt nicht vom Brot allein, gerne greift er auch mal zu Pilzen. Wenn die dann nicht bloß **gut schmecken**, sondern obendrein **supergesund** sind, prima! Nur her mit den Schwammerln, die im Winter am Holunder sprießen.

Kleine Vorstellungsrunde

So heißt er botanisch → *Auricularia auricula-judae, A. sambucina*

So sieht er aus → vielgestaltige, gewölbte, deutlich vom Holz des Wirtsbaumes abstehende Fruchtkörper; lappenartig, schüsselförmig, an Ohrmuscheln erinnernd, oft gekammert, runzelig, von Adern durchzogen; gallertartig bis knorpelig, fein samtig bis weich filzig; anfangs lila, später braun bis kastanienfarben, olivgrün; im trockenen Zustand stark verkleinert, hart und schrumpelig, schwarz

Hier wächst er → bevorzugt an älteren Trieben vom Schwarzen Holunder, seltener an Pflaumenbäumen, Weiden, Ulmen, Robinien und Walnussbäumen; besonders in Flussauen, an Seen, Teichen und Bächen

Ein Exot, der gar keiner ist

In China, Vietnam und Japan gehört der merkwürdig aussehende Pilz zur alltäglichen Zutat, in der Traditionellen Chinesischen Medizin (TCM) wird er seit langem eingesetzt. Mu-Err (heißt so viel wie Wald-, Holz- oder Baum-Ohr), Black Fungus, Chinesische Morchel oder Wolkenohrenpilz – einen dieser Namen hat wohl jeder schon einmal gehört. Zu den asiatischen Arten *Auricularia delicata* und *Auricularia mesenterica* gibt es ein europäisches Pendant, den Holunderschwamm, auch Judasohr genannt. Doch kaum einer kennt diese Pilze. Selten kommt jemand auf die Idee, mitten im Winter nach Pilzen zu suchen, und dann auch nicht auf moosgepolstertem Waldboden, sondern an Stämmen von alten Holunderbüschen oder hoch oben in Weidenkronen. Die hiesige Art steht den chinesischen in nichts nach, was ihre Bedeutung als Vital-, Medizinal- oder Heilpilz angeht.

Wundersame Quellung

Solange trockene Witterung herrscht, ist der Holunderschwamm nicht leicht zu entdecken. Er schrumpelt stark zusammen. Sobald es regnet, kommt die wundersame Wandlung: Der Schwamm pumpt sich ums Vielfache auf, am Holz scheinen tatsächlich Ohren zu wachsen. Nimmt man sie ab, lassen sie sich direkt frisch in der Küche verwenden oder aber trocknen. Nach Einweichen sind sie innerhalb kurzer Zeit wieder wie frisch. Das Einweichwasser sollte stets mitverwendet werden. Aroma hat der Pilz selbst kaum, seine Konsistenz ist gallertartig bis knorpelig, der Geschmack belanglos bis algenähnlich. Aber der Holunderschwamm saugt andere Aromen wie ein Schwamm auf, wird so zum Geschmacksträger.

- Gut verdauliche, hochwertige Proteine, und die in erstaunlicher Konzentration, machen den Holunderschwamm zu einer wertvollen Eiweißquelle.
- Hervorstechende Eigenschaft vom Holunderschwamm ist seine adaptogene Wirkung. Er hilft dem Körper, sich an Stress anzupassen und das Immunsystem zu stärken.
- Forschungen zufolge verbessert der Holunderschwamm die Fließeigenschaften des Bluts. Das beugt Thrombosen und Arteriosklerose vor.
- Der Holunderschwamm zeigt eine stark befeuchtende Wirkung, hält damit die Schleimhäute im Atem- und Verdauungstrakt gesund.

Auch super!

Vor allem auf Rotbuchen findet man Austernseitlinge oder -pilze (*Pleurotus ostreatus*), ebenfalls eine typische Winterpilzart. Sie gelten wie so viele Pilze als Vitalkost, enthalten sie doch reichlich Ballaststoffe, wertvolle Mineralien und hochwertiges Eiweiß.

Super ernten

- frische, appetitlich wirkende Pilze im Winter

Super gut

- Eiweiß, β-Carotin
- Vitamine: Vitamin B_1
- Mineralstoffe: Magnesium, Kalium, Calcium, Eisen, Phosphor, Silicium

Super genießen

- frisch, getrocknet und wieder eingeweicht
- für Suppen, Salate, Gemüse-, Reis- und Nudelgerichte, zu Fleisch und Fisch

Magische Hühnersuppe
mit Holunderschwamm

Laktosefrei, glutenfrei

Zutaten für vier Portionen:

- 1 Suppenhuhn
- Salz
- 1 Zwiebel
- 1 Bund Suppengrün
- 2 Lorbeerblätter
- 10 Pfefferkörner
- ½ Bund Petersilie
- 2 große Karotten
- ½ Stange Lauch
- ¼ Sellerieknolle
- 1 Petersilienwurzel
- 1 gute Handvoll frischen Holunderschwamm (oder ½ Handvoll getrockneten)

→ Huhn waschen, in einen großen Topf geben und mit kaltem Wasser aufgießen, bis das Huhn knapp bedeckt ist. Salz zufügen.

→ Aufkochen und 2–3 Stunden ganz langsam garen. Dabei mehrmals den sich bildenden Schaum auf der Oberfläche abschöpfen.

→ Zwiebel und Suppengrün putzen, in zentimetergroße Stücke schneiden.

→ Zwiebel, Suppengrün und Gewürze sowie die Stängel der Petersilie in die Suppe geben. Bei milder Hitze weitere 1–2 Stunden garen.

→ Huhn herausnehmen, Fleisch ablösen, in mundgerechte Stücke teilen.

→ Brühe durch ein Sieb gießen, entfetten.

→ Karotten, Lauch, Sellerie und Petersilienwurzel putzen, in kleine Würfel oder Stifte schneiden, in der Brühe garen.

→ Hühnerfleisch und Holunderschwamm (wenn getrocknet, 20–30 Minuten in lauwarmem Wasser einweichen und samt Einweichwasser verwenden), in feine Streifen geschnitten, zur Suppe geben.

→ Petersilie hacken und über die Suppe streuen.

VEGANE VARIANTE

Gemüsestreifen im Dampf garen, in kräftiger Gemüsebrühe servieren und mit frischem bzw. eingeweichtem Holunderschwamm anreichern.

Mein persönliches Highlight

Eingeweichter, fein geschnittener Holunderschwamm mit gehackten Sonnenblumen- und Kürbiskernen, Knoblauch, Parmesan, Öl und Salz zu einer Paste vermengen, auf geröstete Baguettescheiben streichen und kurz überbacken.

Rezepte schnell finden

Linktipps

www.dge.de
Homepage der Deutschen Gesellschaft für Ernährung e.V. – breit gefächerte Informationen rund um gesunde, vollwertige Ernährung auf wissenschaftlicher Basis.

www.eatsmarter.de
Großes Portal zu Essen, Nahrungsmitteln und Ernährung, mit riesigem Rezeptteil, ausführlichen Beiträgen zu Ernährung und gesundem Leben, viele Links.

www.zentrum-der-gesundheit.de
Internetportal zu den Bereichen Gesundheit, Ernährung und Naturheilkunde. Sehr ausführlich und umfassend, gut verständlich.

www.blumeninschwaben.de
Bestimmungsschlüssel mittels Fotos von über 4000 Pflanzenarten in Deutschland. Mit den detailgenauen Bildern sehr gut zum Nachprüfen geeignet.

Zum Weiterlesen

Gabriele Leonie Bräutigam:
Wilde grüne Küche – vegetarisch, vegan.
Hans-Nietsch-Verlag 2015

Coco Burckhardt:
Alles aus Wildpflanzen.
Ulmer 2013

Coco Burckhardt:
Erste Hilfe mit frischen Wildpflanzen.
Ulmer 2016

Steffen Guido Fleischhauer, Jürgen Guthmann, Roland Spiegelberger:
Enzyklopädie Essbare Wildpflanzen.
AT Verlag 2013

Karin Greiner:
Meine Hausapotheke aus Wildpflanzen.
Ulmer 2015

Lisa Pfleger:
Vegan regional saisonal.
Ulmer 2014

Lisa Pfleger:
Vegan Homemade.
Ulmer 2015

Christine Volm:
wild & roh – Die besten Smoothies aus Wildpflanzen.
Ulmer 2015

Christine Volm:
Rohköstliches – gesund durchs Leben mit veganer Rohkost und Wildpflanzen.
Ulmer 2014

Bildquellen

Alle Rezeptfotos stammen von Silke Klewitz-Seemann. Die Pflanzenporträtfotos stammen von Karin Greiner. Die Fotos auf den Seiten 4/5 und 34 stammen von Heike Schmidt-Röger.

Titelfoto: Beeren: Viktar Malyshchyts/Shutterstock.com, Hagebutten: Melica/Shutterstock.com, Rote Bete: Yelena Khlystova/Shutterstock.com, Sanddorn: Ines Behrens-Kunkel/Shutterstock.com, Holzhintergrund: freeskyline/Shutterstock.com.
Alle Illustrationen fertigte Antje Warnecke.

Impressum

Die in diesem Buch enthaltenen Empfehlungen und Angaben sind von der Autorin mit größter Sorgfalt zusammengestellt und geprüft worden. Eine Garantie für die Richtigkeit der Angaben kann aber nicht gegeben werden. Autorin und Verlag übernehmen keine Haftung für Schäden und Unfälle. Bitte setzen Sie bei der Anwendung der in diesem Buch enthaltenen Empfehlungen Ihr persönliches Urteilsvermögen ein. Der Verlag Eugen Ulmer ist nicht verantwortlich für die Inhalte der im Buch genannten Websites.

Bibliografische Information der Deutschen Nationalbibliothek
Die Deutsche Nationalbibliothek verzeichnet diese Publikation in der Deutschen Nationalbibliografie; detaillierte bibliografische Daten sind im Internet über http://dnb.d-nb.de abrufbar.

Wollgrasweg 41,
70599 Stuttgart (Hohenheim)
E-Mail: info@ulmer.de
Internet: www.ulmer-verlag.de
Lektorat: Antje Krause, Antje Munk
Herstellung: Gabriele Wieczorek
Umschlagentwurf, Innenlayout, Satz und Illustrationen:
Antje Warnecke, nordendesign.de
Reproduktion:
timeRay, Herrenberg
Druck und Bindung:
Westermann Druck, Zwickau
Printed in Germany

ISBN 978-3-8001-0373-7